99x SIZILIEN

wie Sie es noch nicht kennen

Handverlesen von
Anita Bestler und Bettina Götte

BRUCKMANN

Inhalt

Der Osten

Der Süden

Der Westen

Das Inselinnere

Die Inseln

Vorwort

Sizilien, die größte Insel im Mittelmeer, weist sicherlich die eindruckvollste Kulturvielfalt von ganz Italien auf. Kein Wunder, haben doch viele fremde Völker wie unter anderem die Phönizier, Griechen, Römer, Byzantiner, Araber, Normannen, Aragonier oder Spanier hier Spuren hinterlassen – in der Architektur, Sprache, Küche und auch den Traditionen der Bevölkerung. Viele dieser Hinterlassenschaften sind weltberühmt und fanden zwischenzeitlich sogar Aufnahme in die UNESCO-Liste mit dem Weltkulturerbe. Sizilien ist aber nicht nur reich an Kultur, sondern auch an Natur.

Reiseführer, die den interessierten Fremden zu all diesen wundervollen Highlights bringen und Basisinfos über alles Wissenswerte liefern, gibt es zuhauf. Darüber hinaus gibt es unzählige Sehenswürdigkeiten, kulinarische Köstlichkeiten, Restaurant-Geheimtipps oder tolle Übernachtungsgelegenheiten, die kaum bekannt sind, versteckte, skurrile oder einfach wunderschöne Orte, noch nicht vom Massentourismus heimgesuchte Natur oder kleine Lädchen. Und genau darauf zielen wir mit diesem Büchlein ab. **99x Sizilien** lädt Sie ein, auch das zu entdecken, was man sonst nicht zu sehen bekommt. Es ist eher für Individualisten gedacht, die die klassischen Highlights bereits kennen, als für große Reisegruppen, die zum ersten Mal Sizilien besuchen.

Um auf der weitläufigen Insel in die abgelegeneren Orte zu gelangen, ist ein eigener PKW von großem Vorteil. Hilfreich ist es, in den touristisch noch wenig erschlossenen Gegenden Siziliens über Italienischkenntnisse zu verfügen. Überlebensnotwendig ist es bei der großen Gastfreundschaft der Sizilianer aber nicht. In jedem Fall werden Sie, fern von den Massen, vielen interessanten, freundlichen und authentischen Menschen begegnen.

In diesem Sinne wünschen wir Ihnen viel Freude beim Erkunden Siziliens, wie Sie es noch nicht kennen!

Anita Bestler und Bettina Götte

01 Die Silberschmiede in der Loggia

Früher waren Palermos Silberschmiede in ganz Europa berühmt. Heute halten nur mehr wenige Werkstätten die alte Handwerkstradition aufrecht. Zu ihnen zählt die ***Bottega Gelardi****, deren Meister sich gerne bei der Arbeit zusehen lassen.*

Schon die alten Ägypter und Griechen nutzten das rare Silber zur Herstellung von Schmuck, Gebrauchsgegenständen und Sakralgerät. In Palermo ist eine *Maestranza degli Orafi e degli Argentieri*, also eine Gold- und Silberschmiedezunft, seit 1447 dokumentiert. Ihr Markensiegel, ein Adler und die Abkürzung RUP (Regia Urbs Panormi), garantierte die Qualität der Produkte. Aber erst als die Spanier ab dem 16. Jh. Unmengen von Silber aus Süd- und Mittelamerika nach Europa brachten, kam es zum Boom der Silberproduktion. In der Gegend der *Via dell'Argenteria Vecchia* und der *Via dell'Argenteria Nuova* im heutigen *Vucciria-Viertel* sollen im 18. Jh. sage und schreibe 500 Silberschmiede tätig gewesen sein! Das Aufkommen industriell gefertigter Massenware bedeutete aber das »Aus« für die meisten Betriebe.

Heute gibt es nur mehr eine Handvoll Silberschmiede, und zwar in der Gegend hinter der Dominikanerkirche, in der sich auch die Juweliergeschäfte konzentrieren. Etwas versteckt im Innenhof des recht verfallenen *Palazzo Pantelleria* befindet sich die Werkstatt *Gelardi*, in der bis heute raffinierte Auftragsarbeiten angefertigt und alte Stücke restauriert werden. Zu den wichtigsten Kunden zählen die katholische Kirche, aber auch amerikanische Händler, die handgefertigte hebräische Kultgegenstände nachfragen. Nicht zu vergessen sind schließlich Privatpersonen, welche eher preisgünstige Votivgaben anfertigen lassen. *Maestro Benedetto Gelardi* lernte sein Handwerk mit 15 Jahren bei einem Meister, bevor er sich 1978 mit einem eigenen Geschäft selbstständig machte. Inzwischen arbeiten im Betrieb nicht nur zwei angestellte Silberschmiede, sondern auch sein Sohn Mauro, der die Kunstakademie absolviert hat und unglaubliche Kunstwerke anfertigt.

Gelegentlich berät Tochter Alessandra im Verkaufsraum Kunden, und zwar in ausgezeichnetem Englisch.

Benedetto Gelardi · Argenti sacri, Argenteria Storica · Piazza G. Meli 5 · 90133 Palermo
Tel. 091/6 11 18 85 · www.benedettogelardi.com · Mo–Fr 10–13, 16–19 Uhr

Maestro Gelardi bei der Arbeit in seiner Werkstatt.

02 Palermo von oben – dem Dom aufs Dach gestiegen

Über den Dom von Palermo, seine wechselvolle Baugeschichte und die Gräber Rogers II. und Friedrichs II. von Staufen ist viel geschrieben worden. Eine neue Attraktion bietet sich erst seit wenigen Jahren: Wer möchte, kann dem Dom sogar aufs Dach steigen.

Nicht nur ein herrlicher Rundblick auf die Stadt bis hin zur Bucht der *Conca d'Oro* bietet sich von hier oben, sondern auch der Vorplatz der Kathedrale, die vielen kleinen Nebenkuppeln, die Majoliken und die Zinnen erstrahlen in ungewohnt bezaubernder Schönheit. Da die Wege und Treppen in den Türmen eng sind, ist die Zahl der Personen, die gleichzeitig nach oben steigen darf, begrenzt, wodurch es auch mal zu Wartezeiten kommen kann. So mancher gerät auch auf den steilen Treppenstufen, die im Inneren eines der Türme liegen, ins Schnaufen und auch die Sicherheitsvorkehrungen entsprechen gewiss nicht deutschen Standards. Dennoch: Der Genuss, auf dem Dach der Kathedrale zu stehen, auf Augenhöhe mit der Kuppel und den Türmen, ist die Anstrengung allemal wert.

Am allerbeeindruckendsten ist es aber, wenn man die Dächer zu einem der auf der Homepage der Kathedrale oder in der Tagespresse veröffentlichten Sondertermine im Advent oder an einem lauen Sommerabend besteigt, wenn die Stadt ein einziges Lichtermeer ist und dem Besucher der Sommerwind um die Nase weht. Abends gibt es auch eine interessante Kurzführung in italienischer Sprache, denn von hier oben lassen sich die baulichen Veränderungen, die im Lauf der Geschichte vorgenommen wurden, am besten nachvollziehen. Manchmal wird sogar stimmungsvolle Musik eingespielt, die noch mehr Atmosphäre erzeugt. Auch das Innere des Doms sowie die von den Palermitanern hochverehrte Kapelle der Stadtheiligen Santa Rosalia mit dem silbernen Schrein sind zu diesen Terminen hell erleuchtet. Um Wartezeiten, die bis zu einer Stunde betragen können, zu vermeiden, empfiehlt es sich, frühzeitig da zu sein. Aber selbst, wenn sich bereits längere Schlangen gebildet haben, sollte man sich nicht abschrecken lassen. Denn dieses einmalige Erlebnis ist es wert.

Cattedrale Maria Santissima Assunta · Via Vittorio Emanuele · 90040 Palermo · Tel. 329/3 97 75 13
www.cattedrale.palermo.it · Mo–Sa alle halbe Stunde von 9.30–13.30, So 9–12.30 Uhr · 5 €

Der Ausblick vom Dach der Kathedrale ist fantastisch!

In der Straße neben seiner Werkstatt sind die Malereien von Maestro Franco zu bewundern.

Hoch auf dem bunten Wagen – Carretti Siciliani

03

Der »Carretto Siciliano« ist ein traditioneller zweirädriger Holzkarren, der aufwendig mit Schnitzereien und Bemalungen verziert ist. Gezogen von Eseln oder Pferden waren solche Karren bis Mitte des vorigen Jahrhunderts gängiges Transportmittel auf Sizilien.

Die Tradition begann Ende des 18. Jh. Nach dem Vorbild der Kutschen der reichen Großgrundbesitzer wollten auch die einfachen Leute mit kunstvollen Schnitzereien und kräftiger Bemalung ihren Karren, die sie für die schwere Feldarbeit oder den Warentransport einsetzten, ein schickes Aussehen verleihen. Neben dekorativen Ornamenten waren Szenen aus Mythologie, Geschichte und Alltag beliebt, nicht zu vergessen auch die Abenteuer des Orlando Furioso, Karls des Großen und der schönen Angelica, wie man sie aus der Opera dei Pupi (vgl. folgendes Kapitel) kennt. Auch aktuelle Promis bereichern gelegentlich das Repertoire. Selbst der letzte Zentimeter wird mit Ornamenten verziert.

Franco Bertolino, Palermos letzter aktiver Karrenbauer und -maler, ist inzwischen in der fünften Generation tätig. Wenige Schritte von der Apsis des Doms entfernt hat er seine Bottega. Ein paar Karren stehen vor der Werkstatt zwischen den Tischen eines Restaurants in dem urigen Gässchen Salita Artale, das bei keinem Altstadtrundgang fehlen darf. Aber nicht nur historische Karren stehen dort, sondern auch moderne wie Vespas, Ape (typische dreirädrige Kleintransporter) oder Holzfässer.

In Palermo und Taormina finden jährlich im Frühjahr festliche Umzüge mit den schönsten Karren statt. Viele alte »*Carretti Siciliani*« sind in Museen zu bewundern, besonders im Museo del Carretto Siciliano im Palazzo Aumale in Terrasini und früher im Museo Etnografico Siciliano Giuseppe Pitrè in Palermo, das leider seit vielen Jahren geschlossen ist. Berühmt ist auch der bunte Fiat 500, der oft vor einer Bar in Selinunt anzutreffen ist. Obwohl die bunten Karren aus dem heutigen Straßenbild fast ganz verschwunden sind, gibt es also dennoch Hoffnung, dass die alte Tradition nicht gänzlich aussterben wird.

Carretto Siciliano Franco Bertolino · Salita Giuseppe Artale 15 · 90134 Palermo · **Museo Reg. Palazzo Aumale** · Lgm. Peppino Impastato · 90049 Terrasini · Di–So 9–19 Uhr, Mo geschlossen · 6 €

04 Traditionspuppenspieler mit Herz

Im Jahr 2018 feierte Palermos ältester »Puparo« Vincenzo Argento seinen achtzigsten Geburtstag! Davon ist nichts zu spüren, wenn der temperamentvolle Senior seine Ritterpuppen tanzen lässt... Und wenn er nicht gerade im Theater zu tun hat, dann fertigt er in seiner Werkstatt Souvenirpuppen an.

Das sizilianische Puppentheater entstand in der ersten Hälfte des 19. Jh. Es steht in der Tradition der Commedia dell'Arte des 16. Jh., seine Stoffe wurzeln in Ludovico Ariosts »Rasendem Roland« und Torquato Tassos »Befreitem Jerusalem«. Angesiedelt sind die Geschichten am Hof König Karls des Großen, dessen tapfere Paladine viele Abenteuer erleben, bevor sie am Ende die Sarazenen schlagen. Traditionell war das Puppenspiel das Freizeitvergnügen des »kleinen Mannes«, der jede Woche ins Theater eilte, um kein Abenteuer seiner Helden Orlando und Rinaldo zu verpassen. Dementsprechend gehören Hunderte Geschichten zum Repertoire der »*Pupari*«, die häufig Analphabeten waren und ihre Stoffe auswendig kannten. Alles machten und machen die Puppenspielerfamilien selbst: die Puppen, die Kostüme und auch die Bühnenbilder. Übrigens: Um Marionetten handelt es sich bei den kiloschweren, sizilianischen Puppen nicht. Sie werden nicht mit Fäden, sondern entweder von oben oder der Seite mit Metallstangen bewegt. Bis zum Aufkommen des Fernsehens gab es auf ganz Sizilien zahlreiche, feste Bühnen. Heute sind nur mehr wenige übrig geblieben.

»Das« palermitanische Traditionspuppentheater, das Teatro Argento, wurde 1893 von Vincenzo Argento, dem Großvater des heutigen Eigentümers, gegründet. Dieser gab sein Können an seinen Sohn und der wiederum an Signor Vincenzo weiter, der seit frühester Jugend »im Geschäft« ist. Selbstverständlich brachte er auch seinen Kindern und Enkeln das Handwerk bei. Da man heute vom Puppenspiel aber nicht mehr leben kann, betreibt die Familie ihre Kunst nur noch im Nebenerwerb. Aber Aufgeben kommt für den alten Puppenspieler nicht infrage, dazu liebt er das Puppenspiel viel zu sehr – zur Freude seiner begeisterten Zuschauer.

Teatro dei Pupi Famiglia Argento (im Palazzo Asmundo)
Via Pietro Novelli 1 A · 90134 Palermo · Tel. 091/6 11 36 80 oder 339/1 32 27 79 · Eintritt: 12 €

Nach der Vorführung in seinem Theater zeigt Signor Vincenzo stolz seine Puppen.
Die Ritter Orlando und Rinaldo sind die großen Stars bei der »Opera dei Pupi«.

Stolz präsentiert Signor Mimmo eine seiner fantasievollen Kreationen.

05 Bottiglieri Gioelli – historische Schmuck-Bottega

Recht altmodisch wirkt der kleine Juwelierladen mit der vollgestopften Auslage gegenüber der Kathedrale. Nichts weist darauf hin, dass in der Werkstatt von Domenico Bottiglieri in Handarbeit kleine Kunstwerke geschaffen werden. Besonders hübsch sind die »Trinakrie«, die sizilianischen Glücksbringer.

Bei dem Juweliergeschäft handelt es sich um eine »bottega storica«, also einen alteingesessenen Betrieb. Gründer war der aus Kalabrien stammende Domenico (Mimmo) Bottiglieri (1902–1979), ein gelernter Uhrmacher. Zunächst übte er seinen Beruf aber nicht aus, sondern trat in die Armee ein, wo er es auf Sizilien zum Carabiniere-Kommandanten brachte und Banditen jagte. Nach der Pensionierung ließ er sich mit seiner sizilianischen Frau in Palermo nieder und kehrte zu seinem alten Beruf und seiner wahren Leidenschaft, dem Uhrenmachen, zurück: Er erstand 1949 das kleine Ladengeschäft an der Via Vittorio Emanuele und eröffnete dort eine Werkstatt. Bald begannen seine prächtigen Standuhren die Salons wohlhabender Sizilianer zu zieren. Da er ein echter Könner war, wurde ihm sogar die Wartung der großen Uhr an einem der Glockentürme der Kathedrale anvertraut. Von Domenicos drei Kindern übernahm der Sohn Alberto das Geschäft, verlegte sich aber auf die Reparatur von Armbanduhren und den Verkauf von Schmuck.

Genau dieses Geschäft wird heute von Albertos Sohn, Domenico Bottiglieri (geb. 1970), betrieben, dessen große Leidenschaft die Herstellung von Schmuck ist, der die sizilianische Geschichte und Traditionen aufgreift. Domenico stellt zauberhafte Kettenanhänger mit Motiven aus der Antike und dem Mittelalter her. Darüber hinaus restauriert er kostbaren alten Schmuck. Kein Wunder, dass die Stadt Palermo bei ihm nachfragt, wenn Geschenke für hohe Gäste benötigt werden, wie etwa 2017 für das niederländische Königspaar Máxima und Willem-Alexander. Zusammen mit anderen historischen Geschäften wurde der Betrieb von der Kommune wegen seines Beitrags zur kulturellen Identität der Stadt ausgezeichnet. Eine Website hat der Juwelier übrigens ganz bewusst nicht – er möchte schließlich nicht kopiert werden!

Bottiglieri Gioelli · Via Vittorio Emanuele 480/482 · 90134 Palermo · Tel. 091/6 51 21 12
Mo–Sa 10–20 Uhr

Wie lecker das duftet! Ein Milzbrötchenverkäufer auf dem Capo-Markt.

Pane con la Milza – der Palermo-Hamburger

06

Milz ist nicht jedermanns Sache. In Deutschland zumindest. In Palermo dagegen isst sie jeder, in einem Brötchen – so wie die Amerikaner ihren Hamburger essen. Im heutigen Streetfood-Zeitalter liegt das Milzbrötchen voll im Trend – und Palermo ist die Hauptstadt des Streetfood.

Das »*Pane con la Milza*« ist ein weiches, mit Sesam gewürztes Brötchen, das mit Kalbsmilz und Lunge gefüllt wird. Die Milz wird erst am Stück vorgekocht, dann in dünne Scheiben gehackt und frisch vor den Augen des Käufers in Schweineschmalz frittiert. Mit ein paar Spritzern Zitrone beträufelt, essen die Palermitaner die herrlich duftende Mahlzeit direkt aus der Hand. Das schmeckt köstlich – aber Vorsicht: Kleckergefahr!

Die berühmtesten »Palermo-Hamburger« macht Pasquale, Inhaber der seit drei Generationen bestehenden, immer vollen Trattoria Basile.

Diese einfache, klassische Variante nennt der Sizilianer »schettu«, »ledig«. Wer sein Brötchen »maritatu«, also »verheiratet» bestellt, bekommt etwas geriebenen Caciotta-Käse dazu. Die Ursprünge des Rezepts gehen aufs Mittelalter zurück. Es sollen die palermitanischen Juden gewesen sein, die als Metzger für die feine Gesellschaft tätig waren, die aber aus religiösen Gründen ihre Schlachtabfälle nicht selbst essen durften.

Wer Kalorien sparen will, sollte die Finger davonlassen. Die sizilianische Küche ist sehr traditionsbewusst und vieles stammt noch aus Zeiten, als die Menschen körperliche Schwerstarbeit verrichten mussten und für jede Energiequelle dankbar waren.

Die meisten Milzbrötchenverkäufer stehen mit ihren mobilen Büdchen auf den lebhaften Märkten, wie z.B. der Vucciria, dem Capo oder dem Ballarò-Markt. Auch sonst sind sie überall gegenwärtig. Streetfood ist sehr populär auf Sizilien, insbesondere in Palermo. Kein Wunder, dass bei diesem unverfälschten eigenen Angebot die amerikanischen Hamburgerketten hier nie richtig Fuß fassen konnten.

Focacceria Basile · Via Bara all'Olivella 76 · 90133 Palermo
Tel. 091/33 56 28

07 Street-Art – überall fantasievolle Straßenkunst

Seit 20 Jahren explodiert in trendigen Großstädten ein spannendes Phänomen: die Street-Art. Es konnte nicht ausbleiben, dass die neue Mode auch Palermo erreichte, eine in Sachen Kunst brodelnde Stadt, die seit jeher junge Leute anzieht. Und so werden die Straßen in Palermo immer flippiger und bunter.

Entstanden ist die »Straßenkunst« aus der Graffiti-Bewegung der 1980er- und 90er-Jahre heraus, als irgendwann die jugendlichen *Writer* älter wurden und damit ins straffähige Alter gerieten. Nicht wenige wandten sich der in der Öffentlichkeit weit mehr akzeptierten Street-Art zu. Manche der Künstler brachten es richtiggehend zu Ruhm. Sie stellen in Galerien aus und werden von Firmen zu Werbezwecken sogar richtiggehend hofiert.

In Palermo ging es mit der Street-Art gegen 2000 los. Wichtige Impulse setzten 2009 das Wallpaper Festival und 2012 das Waltz Festival, bei denen sich lokale und ausländische Aktivisten trafen und Altstadtviertel »verschönerten«. Auf diese Weise entwickelte sich in Palermo eine geradezu internationale Street-Art-Szene. Von der Bevölkerung wird die neue Kunst größtenteils mit Begeisterung aufgenommen. Manche Geschäftsleute bitten die Künstler sogar, die Wände, Rollläden und Türen ihrer Läden mit ihren Spraydosen, Farbrollern, Pinseln, Schablonen und Postern zu verschönern. Vor allem Stadtteil-Initiativen wenden sich an die Street-Art-Künstler, damit heruntergekommenen Plätzen und Straßen, kriegszerstörten Häusern, hässlichen Parkplätzen oder anonymen Vorstadtvierteln Farbakzente aufgesetzt werden.

Street-Art findet man heute vor allem in der Altstadt: im Albergheria-Viertel mit dem quirligen Ballarò-Markt, aber auch in der Vucciria, »dem« nächtlichen Treffpunkt der jungen Leute. Auch das Hafen-Viertel Borgo Vecchio ist interessant, genau wie die Cantieri Culturali della Zisa, die Fiera del Mediterraneo sowie der Pizzo-Sella-Hügel, wo Street-Art-Künstler von der Mafia konfiszierte und im Verfall begriffene Häuser dekorieren und ein »Street-Art-Village« schaffen.

Street-Art Factory/Lo Studiolo · Corso Vittorio Emanuele 273 · 90133 Palermo
Tel. 338/1 87 12 44 · www.streetartfactory.eu (hier Street-Art-Map) · Mo–Sa 9–13, 16–19 Uhr

Der Neapolitaner Antonio Zolta fällt mit seinen bunten organischen Köpfen auf.
Anhand der »Street-Art-Map Palermo« lässt sich eine Street-Art-Tour unternehmen.

08 Sergios entzückender Vintage-B&B

Eigentlich ist Sergio Rusignolo Dermatologe und ein erfolgreicher noch dazu. Seine eigentliche Passion ist aber seit vielen Jahren das Hotelgeschäft. Einst betrieb er mit seiner Schwester das »Albergo Letizia«, welches er nach deren Heirat radikal umgebaut und als Boutique Bed & Breakfast neu eröffnet hat. Jedes der Zimmer ist anders und mit viel Geschmack im romantischen Vintage-Stil eingerichtet. Und die Lage der kleinen Unterkunft ist einfach toll: Sie befindet sich im In-Viertel Kalsa, gleich bei der grünen Altstadt-Oase Piazza Marina und nur einen Katzensprung von der Uferpromenade und dem hübsch sanierten alten Kala-Hafen entfernt.

Boutique B&B Vintage · Via Bottai 30 · 90133 Palermo · Tel. 091/58 91 10
www.vintagepalermo.it

09 Tolles Mittelalterfresko – der Triumph des Todes

In einem rasenden Ritt mäht der Tod in Gestalt eines unheimlichen Skeletts mit Pfeil und Bogen die Reichen und Mächtigen nieder. Die feiernden jungen Leute spüren die Gefahr nicht, ihre Hunde fletschen aber bereits die Lefzen. Das von einem unbekannten Maler gegen Mitte des 15. Jh. angefertigte, 6 x 6 Meter große Meisterwerk wirkt wie eine Illustration von Francesco Petrarcas Gedicht »Triumphus mortis«. Ausgestellt ist es im von dem Venezianer Carlo Scarpa in ein Kunstmuseum umgewandelten spätgotischen Palazzo Abatellis. Viele zog das Fresko bereits in seinen Bann – auch Wim Wenders, dessen Film »Palermo shooting« (2008) ihm ein Denkmal setzt.

Galleria Regionale della Sicilia/Palazzo Abatellis · Via Alloro 4 · 90133 Palermo
Tel. 091/6 23 00 33 · www.regione.sicilia.it/beniculturali/palazzoabatellis/home/htm

Hotelier aus Passion – Dottore Sergio wartet an der Rezeption auf seine Gäste.
Das großartige »Memento mori«-Gemälde zieht den Betrachter in seinen Bann.

Einige Künstler des Teatru Ditirammu vor dem Auftritt

Total fetzige Volksmusik – Teatru Ditirammu

10

Mit 54 Sitzplätzen ist das Teatru Ditirammu das kleinste Volksmusiktheater Europas! Hier wird von einer jungen Theaterkompanie »echte« sizilianische Volksmusik vom Feinsten geboten. Und wenn die Serenade »E vui durmiti ancora« (Und willst Du immer noch schlafen) gesungen wird, schmilzt einfach jeder dahin.

Die sizilianische Volksmusik ist ein Konglomerat aus verschiedenen musikalischen Traditionen, welche vor allem die Griechen, Araber und Spanier auf der Insel hinterlassen haben. Das Liedgut ist mit über 5000 überlieferten »*Cunti*« (Liedern) außerordentlich reichhaltig – kein Lebensaspekt bleibt unbesungen: Kleinkinder werden mit »*Ninne Nanne*« in den Traum gewiegt, junge Männer trällern für ihre Angebeteten »*Serenate*« und Verstorbene werden mit »*Nenie funebre*« betrauert. Volkslieder halfen früher den Arbeitsrhythmus vorzugeben, so die »*Cialome*« der Thunfischfänger, die Erntegesänge der Landarbeiter oder die der Frauen beim Wäschewaschen. Es gibt gesungene Gebete mit den »*Scongiuri*«, aber auch Beschwörungslieder gegen den »bösen Blick«.

Gespielt wird mit der Maultrommel (»marranzanu«), der Hirtenflöte (»friscalettu«), der Dudelsack-ähnlichen »*ciaramedda*«, der »*bifarra*«, eine Art Klarinette, der Mandoline (»mannulinu«) sowie verschiedenen Schlaginstrumenten wie dem Tamburin (»tammureddu«), der Triangel (»azzarinu«), dem »*bummulu*«, einer mit Wasser gefüllten Terrakottavase, sowie dem »*cafuddu*«, einer mit Ziegenfell überzogenen Holztrommel. Zu diesen typisch sizilianischen Instrumenten gesellten sich im 19. Jh. das Akkordeon und die Gitarre hinzu.

Verbreitet wurden die Volkslieder ab dem Mittelalter von in ganz Süditalien verbreiteten Bänkelsängern (den »cantastorie«) und in Sizilien darüber hinaus den »*cuntastorie*«. Letztere nutzen mit dem »*ditirammu*« (Dithyrambus) eine aus der griechischen Antike stammende metrische Technik. Damit die alte Tradition bewahrt wird, finden im Teatru Ditirammu in den ehemaligen Stallungen des Palazzo Petrullo tolle Musikveranstaltungen statt.

Teatru Ditirammu · Via Torremuzza 6 · 90133 Palermo · Tel. 391/3 06 48 87
www.teatruditirammu.it · Regelmäßige Veranstaltungen 9.30–13, 16–19 Uhr

Wie es hier duftet! Und im hauseigenen Caffè nebenan kann man die Köstlichkeiten probieren.

11

Kaffeeduft liegt in der Luft – Rösterei Stagnitta

Schon mal »Jamaica Blu«, den »Champagner« des Kaffees, oder gar den teuren »Kopi Luwak-Kaffee« probiert, dessen Bohnen durch den Magen-Darm-Trakt des indonesischen Fleckenmusang gegangen sein müssen? Diese Kostbarkeiten, neben eher »normalen« italienischen Sorten, offeriert Palermos älteste Kaffeerösterei.

Als Ursprung des Kaffees gilt das im heutigen Äthiopien gelegene mittelalterliche Königreich Kaffa. Von dort gelangte der Kaffee nach Arabien, und in der Folgezeit entstanden in der ganzen muslimischen Welt Kaffeehäuser. Orient-Händler brachten den Kaffee im 16. Jh. nach Europa, wobei Venedig den Anfang machte. Und obwohl die katholische Kirche das exotische Getränk zunächst als vom Teufel selbst erfunden abgelehnt hatte, wurden die Italiener bald begeisterte Kaffeetrinker. Mit Francesco Procopio Cutò war es ein Sizilianer, der 1686 in Paris ein Kaffeehaus eröffnete, womit sich der Kaffee in Europa auszubreiten begann.

Aber Kaffee ist nicht gleich Kaffee. Die Italiener rümpfen über die Kaffeegetränke im übrigen Europa als »*acqua colorata*« die Nase! Ihr Kaffee schmeckt tatsächlich stärker, was daher kommt, dass die zunächst grünen Bohnen besonders dunkel geröstet werden. Dadurch enthält der Kaffee mehr Bitterstoffe, aber weniger Säure und Koffein – wodurch er übrigens verträglicher als Filterkaffee ist. Im italienischen Süden liebt man dunklere Röstungen mit einem höheren Anteil an Robusta-Bohnen, während im Norden hellere Röstungen mit mehr Arabica-Bohnen bevorzugt werden.

Echte Kaffeeliebhaber kaufen ihren Kaffee selbstverständlich nicht im Supermarkt, sondern in einer »*torrefazione*« (Kaffeerösterei), wo die Bohnen in kleinen Trommelröstern bei niedriger Temperatur länger und schonender geröstet werden als dies bei industriellem Kaffee der Fall ist. Und nur so können die Bohnen ihr Aroma voll entfalten…

Zu den ältesten Röstereien Palermos gehört die 1928 von Giovanni Stagnitta eröffnete »Torrefazione Ideal Caffè Stagnitta«, wo seit vier Generationen köstliche Kaffeemischungen produziert werden.

Antica Torrefazione Ideal Caffè Stagnitta · Discesa dei Giudici 42 · 90133 Palermo
Tel. 091/6 16 25 13 · www.stagnittacafe.it · Mo–Sa 8–19 Uhr

12 Lebendiges (Kunst)handwerk in der Altstadt

Seitdem Mitte der 1980er-Jahre einsetzenden »Frühling von Palermo«, in dem sich politische Initiativen und Bürgerkomitees gegen mafiosen Filz und für eine Kultur der Legalität zu engagieren begannen, hat sich die Altstadt Palermos unglaublich positiv verändert. Endlich ist das Leben zurückgekehrt, besonders im chic sanierten Kalsa-Viertel, das sich zu einer richtigen »In-Zone« gemausert hat. Manche alten Handwerksbetriebe haben sich einen neuen Look gegeben. Andere sind neu entstanden, wie die zahlreichen in der Vereinigung ALAB zusammengeschlossenen kleinen Handwerksboutiquen, die für bunte Tupfer in der Altstadt sorgen.

Vallone Pelletteria · Via Calascibetta 22 · 90133 Palermo · Tel. 091/9 76 72 81
Associazione Liberi Artigiani Artisti Balarm (ALAB) · Via Divisi 39 · Palermo · www.alabpalermo.it

13 Brioscià – Eis im Brötchen gefällig?

Eis in der Waffel oder im Becher – das kann jeder. Aber schon mal Eis in einem süßen Milchbrötchen probiert, so wie es die Sizilianer lieben? Das weiche Brötchen wird aufgeschnitten, prall mit verschiedenen Eissorten gefüllt, am Schluss noch dunkle oder weiße Schokoladensauce bzw. Pistaziencreme und etwas Schlagsahne darüber – und fertig ist der Genuss. Nachvollziehbar, dass die kleine Kalorienbombe das Mittagessen mehr als nur ersetzt. Gerne wird die Köstlichkeit auch zum Frühstück gegessen, dann aber gibt es das Eis – in der Regel eine leckere, krümelige *Granita* – im Becher, und das noch warme Brötchen wird separat dazu serviert.

Brioscià Gelateria · Via Mariano Stabile 198 · 90141 Palermo · Tel. 091/7 21 90 85
Mo–So 11–0.30 Uhr · Es gibt noch weitere Filialen von Brioscià in Palermo.

Das alte Ledergeschäft Vallone Pelletteria gab sich einen tollen neuen Look!
So ein kalorienreicher »Eis-Hamburger« ersetzt im Sommer locker das Mittagessen!

Die Dachbar des Rinascente offeriert leckere kleine Snacks.
Blick von der Bar Obicà auf die Dominikanerkirche

Einkaufen im Glaspalast – Edelkaufhaus Rinascente

14

Zahlreiche Shopping-Meilen verlocken in Palermo zum Einkaufen. Wer sich nur schnell einen Überblick über die aktuellen italienischen Modetrends verschaffen will, geht am besten ins Rinascente. Auf vier Stockwerken werden Accessoires, Mode, aber auch Schmuck, Kosmetik und Haushaltswaren feilgeboten.

Die wohl berühmteste Einkaufsstraße Palermos ist die vornehme, platanengesäumte Via Libertà, und zwar von der Piazza Croci bis hin zum Teatro Politeama. Hier findet man edle Designerläden von Gucci, Hèrmes, Louis Vuitton, Max Mara bis hin zu Prada. Die Via Libertà mündet in die Via Ruggero Settimo, wo es mit etwas weniger exklusiven Geschäften weitergeht. Gut shoppen lässt es sich auch in der Gegend um den Bahnhof Notarbartolo, wo in der Via Sciuto und ihren Nebenstraßen eine Unmenge von Geschäften erlesene italienische Modeprodukte anbieten. Allerdings werden auch begeisterte »Shopper« müde. Dann bietet sich Modeinteressierten das Rinascente-Kaufhaus geradezu an, wenn sie sich in einer hübschen Atmosphäre nach einem neuen Accessoire oder Kleidungsstück umsehen wollen.

Relaxen nach dem Shoppen: Von der Bar Obicà im obersten Stock des Rinascente bietet sich bei einem Aperitif ein gigantischer Blick auf die Piazza San Domenico und die Dächer von Palermo!

Gegründet wurde La Rinascente 1917 von Senatore Borletti (1880–1939) in Mailand nach dem Vorbild des Pariser Lafayette-Kaufhauses. Sein Ziel war es, nach dem Krieg der ganzen Bevölkerung luxuriöse Waren zu erschwinglichen Preisen zugänglich zu machen. Den Namen »Rinascente« (Ital. wieder aufblühend) hatte ihm sein Freund, der Dichter Gabriele D'Annunzio (1863–1938), vorgeschlagen. Heute verfügt die Kaufhauskette in vielen italienischen Städten über Filialen – seit fast 100 Jahren auch in Palermo. Seit 2008 residiert das Kaufhaus in der Via Roma in einem modernen Glaspalast, in den noch Reste des alten Palazzo Montalbano integriert sind. Das Kaufhaus bietet neben vielen Designer-Marken auch Erschwingliches, so etwa die tollen Hausmarken AW und NCLT.

La Rinascente · Via Roma 289 · 90133 Palermo · Tel. 091/6 01 78 11 · www.rinascente.it
Fr–Sa 9.30–21, So 10–20.30, Mo–Do 9.30–20.30 Uhr

Größter Blickfang im Rosenkranz-Oratorium: die berühmte »Seeschlacht von Lepanto«

15

Zauberhafte Stuckputten im Rosenkranz-Oratorium

Niedliche dicke Stuckputten, Nischen, die aussehen wie kleine Theaterbühnen, die Seeschlacht von Lepanto und pralle Girlanden – so drückt der »Palermo-Bernini« Giacomo Serpotta auf entzückende Weise im Sinn der Gegenreformation den Sieg der Katholiken über die Ketzer und Ungläubigen aus.

Wer links der einstigen Dominikanerkirche in der Via Valverde die Treppen hinaufsteigt, den Arkadenhof und den Vorraum durchquert, findet sich in einer anderen Welt wieder, dem prächtigsten Barockoratorium Palermos. Dessen nicht großen, aber großartigen Innenraum hat Giacomo Serpotta zwischen 1685 und 1718 mit einer ganzen Flut an Ornamenten dekoriert. Doch was wie weißer Marmor aussieht, ist in Wahrheit Stuck!

Das Gebetshaus ist dem Rosenkranz, dem katholischen Instrument der Marienandacht schlechthin und dem Anlass des Rosenkranzfestes geweiht: Der Seeschlacht bei Lepanto am 7. Oktober 1571, in der die christlichen Mittelmeermächte unter Juan d'Austria und Papst Pius V. dank des Rosenkranzgebets die Türken schlugen und so Europa vor der Islamisierung bewahrten. In der Mitte der Rückwand, deren Fläche ein Stuckvorhang mit gerahmten Reliefs bedeckt, ist das historische Ereignis zu sehen. Über dem Schlachtgeschehen, hoch über den Wolken, thront die hilfreiche Muttergottes. Genau gegenüber zeigt das Altarbild von Carlo Maratta (1695) die Übergabe des Rosenkranzes durch die Madonna an den Heiligen Dominikus als Waffe gegen die Andersgläubigen.

Auf den Simsen sitzen allegorische Frauengestalten und baumeln lässig mit den Beinen, als wären sie aus Fleisch und Blut. Und die Reliefs darunter? Wie Miniaturtheaterbühnen sehen sie aus. Jedes dieser »*Teatrini*« zeigt eines der Rosenkranzmysterien, von der Verkündigung bis Mariä Himmelfahrt. Jubelnde Putten, deren Herzen zu schlagen scheinen, kommentieren das jeweilige Mysterium und ziehen jeden Besucher in ihren Bann.

Wunderschön sind auch die Ebenholzbänke mit Perlmutteinlagen (1702) an den Wänden für die Mitglieder der Bruderschaft.

Oratorio del Rosario di Santa Cita · Via Valverde 3 · 90133 Palermo · Tel 091/7 85 31 81
www.ilgeniodipalermo.com · Mo–Sa 9–18 Uhr

16 Grattatella – ein sommerliches Kratzeisvergnügen

Was gibt es Erfrischenderes in den heißen Sommermonaten als ein leckeres Eis? In früheren Zeiten waren Eiscreme-Spezialitäten jedoch ein Luxus, den sich nur Wohlhabende leisten konnten. Aber auch das Volk wollte nicht auf süße Abkühlungen verzichten, weshalb die *Grattatella*, das Kratzeis, erfunden wurde: Straßenverkäufer stellten sich mit Karren in stark frequentierte Ecken der Altstadt. Auf ihren bunten Wägelchen hatten sie Eisblöcke, von denen sie mit Schabern Eis abkratzten, in Plastikbecher füllten und dann mit Fruchtsaft oder Sirup übergossen. Früher gab es zahlreiche Kratzeisverkäufer in der Stadt, inzwischen sind sie selten geworden.

Grattatello-Wagen von Piero Caccamo · Capo-Markt, Via Porta Carini, Palermo · Grattatella gibt es nur im Sommer, in den anderen Jahreszeiten wird Granat- und Orangensaft verkauft.

17 Profumoteca – betörende Duftöle selbst kreiert

Versteckt in einer kleinen Piazzetta befindet sich ein ganz besonderes, ein bisschen wie eine Apotheke wirkendes Parfumgeschäft: In unzähligen Flaschen wird eine Riesenauswahl an Duftessenzen aufbewahrt – und dann geht das Riechen und Probieren los. Wenn irgendwann nichts mehr geht, werden dem Kunden von einer freundlichen Verkäuferin ein paar Kaffeebohnen unter die Nase gehalten – und schon kann weiter geschnuppert werden. Ganz am Schluss kann sich jeder seine eigene Duftmischung zusammenstellen lassen. Der selbst gewählte Name wird im Computer registriert, sodass die im Übrigen recht preiswerte »Eigenmarke« jederzeit nachbestellt werden kann.

La Profumoteca · Via Ruggero Settimo 74/E · 90141 Palermo · Tel. 091/2 51 52 76
www.laprofumoteca.it · Mo–Sa 10–20 Uhr · Es gibt weitere Filialen in der Stadt.

Das kühle Kratzeis ist eine herrliche Sommererfrischung!
Lust mal selbst Parfumeur zu sein? Hunderte Essenzen in der Profumoteca laden dazu ein.

18 Quir – die »schrägste« Lederboutique Palermos

Tolle handgefertigte Taschen und Leder-Accessoires in vielen schrillen Farben sind in der netten Boutique gegenüber der Jesuitenkirche zu erstehen. Gefertigt werden sie von Massimo und Gino, einem ungewöhnlichen Paar, das sich allen Widrigkeiten zum Trotz engagiert für die Rechte Homosexueller einsetzt.

Kennengelernt haben sich Gino Campanella, ein in Turin aufgewachsener Palermitaner, und Massimo Milani, ein römischer Psychologiestudent, 1978 bei einem Gay-Treffen im Hauptquartier des *Partito radicale* (der einzigen Partei, die sich damals für die Rechte Homosexueller einsetzte) in Rom. Seitdem sind die beiden sympathischen Lebenskünstler ein unzertrennliches Paar. Schon damals stellten sie Lederwaren her, die sie auf römischen Straßenmärkten verkauften. Nach einem Besuch mit Ginos Eltern und Söhnen in Palermo – Gino war mal verheiratet gewesen – entschieden sie sich zum Bleiben. Sie lebten auch hier vom Geschäft mit den Lederwaren, die sie zunächst auf der Straße und später in einer eigenen kleinen Boutique verkauften. Weil sie aus ihrer Homosexualität kein Geheimnis machten, hatten sie es anfangs nicht leicht: Sie wurden nicht nur beschimpft, sondern manchmal sogar mit Steinen beworfen. Aufgegeben haben sie deshalb aber nicht, ganz im Gegenteil: 1981 gründeten sie mit dem »Circolo Culturale Arcigay« die erste schwule Kulturvereinigung der Stadt. Und als sie schließlich 1993 auf der mit Menschen überfüllten Piazza Pretoria vor dem Rathaus »symbolisch« heirateten – zu einem Zeitpunkt, als es in Italien noch keine Zivilehe für gleichgeschlechtliche Paare gab –, schrieben alle Zeitungen über die beiden, die nun landesweit berühmt wurden. Aber damit nicht genug: 2010 initiierten sie Gaypride, und seither ziehen in einer farbenprächtigen Parade einmal im Jahr Schwule und Lesben durch die Altstadt. Heute gehören Gino und Massimo mit ihrem kleinen Ledergeschäft, das sie 1993 im Herzen des multikulturellen Albergheria-Viertels eröffneten, ganz selbstverständlich mit dazu. Bei einem Einbruch erfuhren sie von der Nachbarschaft sogar große Solidarität, was zeigt, dass sich die Zeiten geändert haben.

Quir Fattoamano · Via del Ponticello 55 · 90134 Palermo
Tel. 091/25 51 50 38 · Mo–Sa 9.30–19.30 Uhr

Der sympathische Massimo bei der Arbeit in der Laden-Werkstatt

Gräfin Alwine führt ihre Gäste in ihrem Palast in die Lebenswelt des Adels ein.

19

Besuch bei der Salzburger Gräfin

Eine Liebesgeschichte wie aus dem Roman: Beim Opernball der Wiener Botschaft in Rom lernte die blutjunge Salzburgerin Alwine Eder den palermitanischen Grafen und Rennfahrer Alessandro Federico kennen. Er reiste der blonden Sinologiestudentin nach China hinterher – ein Jahr später wurde geheiratet.

Auf diese Weise wurde die charmante Österreicherin zur Gräfin Federico und damit zur Herrin eines der ältesten Adelspaläste Palermos, des Palazzo Conte Federico. Das Adelsgeschlecht der *Conte* führt auf den berühmten Kaiser Friedrich II. von Hohenstaufen zurück. Nicht aber auf einen legitimen Nachfahren, worüber die Gräfin froh ist, sondern auf den unehelichen Friedrich von Antiochien – schließlich wurde die legitime Linie des Stauferkaisers ausradiert. Ihr Chinesisch-Studium gab Alwine nach dem Umzug nach Palermo im Jahr 1984 auf, auch weil sehr bald die beiden Söhne Nicolò und Andreas kamen. Trotz der Kinder gelang der tatkräftigen Österreicherin ein Doppelstudium: Gesang am Konservatorium, Deutsch und Englisch an der Universität. Heute unterrichtet die Power-Frau als Lehrerin an einem Gymnasium, gibt ab und zu Hauskonzerte und gewinnt außerdem als Leistungsschwimmerin eine Medaille nach der anderen.

Seit ein paar Jahren haben die Federicos ihren *Palazzo* der Öffentlichkeit zugänglich gemacht: Im Innenhof steht der Oldtimer des Grafen, ein Fiat Balilla aus dem Jahr 1935, mit dem er heute noch Rennen fährt. Im *Piano Nobile*, dem herrschaftlichen Geschoss, öffnet sich eine wahre Flucht von Sälen. Besonders interessant ist der mit einem prächtigen Majolikaboden geschmückte Ballsaal, in dessen Deckenfresko sich zahlreiche Freimaurersymbole identifizieren lassen – schließlich war der Saal einst einer der wichtigsten Freimaurertempel Süditaliens! Im zweiten Stock gibt es die alte Palastküche sowie den auf der antiken Stadtmauer errichteten und in den Palast integrierten mittelalterlichen Turm zu bewundern. Übrigens, die Gräfin selbst oder einer ihrer Söhne führen ihre Besucher persönlich und höchst unterhaltsam durch ihr Zuhause und vermieten seit Neuestem auch Zimmer.

Palazzo Conte Federico · Piazza Conte Federico 2 · 90134 Palermo · Tel. 091/51881
www.contefederico.com · Do–Di 11–16 Uhr (außer Jan, Feb)

20 Und überall Jugendstil in der modernen Neustadt

Ohne den korrupten Baustadtrat Vito Ciancimino (1924–2002) und seine mafiosen Baunternehmer-Freunde gäbe es heute noch viel mehr Jugendstil-Villen. Etliche fielen in den 1960er-Jahren der sogenannten »Plünderung von Palermo« zum Opfer. Einige Bauten sind aber in den Seitenstraßen der Via Libertà noch zu bewundern.

Ende des 19. Jh. wurde in Europa der Jugendstil mit seinen geschwungenen Linien und floralen Motiven im Bürgertum populär. In Italien nennt man diese Stilbewegung übrigens »Stile Liberty« – nach dem Londoner Kunsthändler Arthur Lasenby Liberty (1843 bis 1917). Die neue Mode erreichte das Land nach der »Esposizione Internazionale d'Arte Decorativa Moderna« im Jahr 1902 in Turin, wurde aber nur von wenigen Städten wie Palermo aufgenommen, das geradezu zur Jugendstil-Hauptstadt Italiens avancierte! Architekten wie Ernesto Basile (1857–1952), Maler wie Ettore De Maria Bergler (1850–1938) oder Glaskunsthandwerker wie Pietro Bevilacqua (1875–1970) nahmen die ornamentale neue Richtung mit der gleichen Begeisterung auf wie Vittorio Ducrot (1867–1942), der seinen Familienbetrieb zur größten Jugendstilmöbelfabrik Europas ausbaute.

Nunzio, der freundliche Jugendstil-Barbier: Zu den schönsten Jugendstilpalästen gehört der Palazzo Dado mit seiner auffälligen roten Fassade. Und genau hier verwöhnt Signor Nunzio seine Gäste – mit Blick auf Jugendstil-Fresken.

Und so lassen sich heute zahlreiche Jugendstilbauten bewundern, wie den Villino Florio, den Villino Caruso, den Villino Ida, den Villino Favaloro, den Palazzo Dato oder den Palazzo Failla. Auch Hotels wurden im floralen Stil ausgestattet, etwa das Grand Hotel Et Des Palmes oder die Villa Igiea. Daneben wurden zahlreiche Kioske wie der Chiosco Ribaudo im Jugendstil gebaut, genau wie die Cassa di Risparmio (heute Grand Hotel Piazza Borsa). Sogar der Besitzer der Bäckerei Morello im Capo-Markt ließ die Fassade seines Geschäfts mit einem entzückenden, an Klimt erinnernden Jugendstil-Mosaik verzieren. Das ehemalige Fischerdorf Mondello wurde damals sogar komplett zu einem mondänen Jugendstil-Seebad ausgebaut.

New Man di Nunzio Reina · Via XX Settembre 36 · 90141 Palermo · Tel. 091/32 47 91
www.newman.it · Di–Do 8.30–19, Fr–Sa 8–20 Uhr

»La Pupa« (die Puppe) nennen die Palermitaner das Mosaik an der ehemaligen Bäckerei Morello (um 1902).

21 Rosalia Lombardo – die schönste Mumie der Welt

Nur knapp zwei Jahre durfte sie leben, die kleine Rosalia Lombardo, bevor sie 1920 an der Spanischen Grippe starb. Die bestens erhaltene Leiche des Mädchens ruht in der Gruft des Convento dei Cappuccini in einem gläsernen Sarg, als würde sie nur schlafen. Sie ist die wohl schönste Mumie der Welt.

Sie ist die Letzte, die in der Kapuzinergruft bestattet wurde. Eigentlich war es seit 1881 verboten, aber für sie gab es eine Ausnahme. Wie der Einbalsamierer Alfredo Salafia (1869-1933) ihre Leiche so gut konservieren konnte, wurde erst 2009 entschlüsselt: Er hatte eine Lösung aus Formalin, Glyzerin, Zinksulfat und Salicylsäure in den Körper gespritzt.

Schon Ende des 16. Jh. entstand neben dem Kapuzinerkonvent ein unterirdischer Friedhof, wo zunächst Mönche, später auch Laien ihre letzte Ruhe fanden. Zur Mumifizierung wurden die Toten in trockenen, luftdicht versiegelten Räumen, den sog. *Colatoi*, auf Tonröhren über Wannen gelegt. Diese waren in den lokal anstehenden Tuffstein geschnitten, der so porös ist, dass er die Leichenflüssigkeit aufsaugt. Ein Jahr dauerte das Ausdorren der Toten. Dann wurden sie mit Essig gewaschen, mit Stroh ausgestopft und zwei weitere Wochen an der Sonne getrocknet. Schließlich zogen Angehörige sie mit ihrer Amtstracht, Uniform oder Festtagskleidung an wie zu Lebzeiten und stellten sie in Nischen entlang der Korridore auf oder bestatteten sie in Särgen, wo sie sie regelmäßig besuchten und von Zeit zu Zeit neu einkleideten.

Wäre die Gruft im Zweiten Weltkrieg nicht als Luftschutzkeller genutzt und Teile bei Bombardements zerstört worden, könnten von den einst 8000 Mumien heute noch viel mehr erhalten sein.

Gruselig ist ein Rundgang durch die Gruft. Von Angesicht zu Angesicht begegnet der Besucher den Mumien. Die Korridore sind Personengruppen gewidmet: den Priestern, Kapuzinern, Männern, Frauen, den einzelnen Berufsgruppen, auch Jungfrauen und Kinder haben eigene Nischen. Die Jüngste von ihnen ist die kleine Rosalia mit ihrer hübschen gelben Schleife im Haar.

Catacombe dei Cappuccini · Via Cappuccini, 1 · 90129 Palermo · Tel. 091/6 52 73 89
www.catacombepalermo.it · 9–13, 15–18, Nov–März: 9–13, 15–17 Uhr · Eintritt: 3 €

Rund tausend Trockenmumien sind noch heute in den Kapuziner-Katakomben zu sehen.

Die alte Sardellenfabrik ist heute ein spannendes Museum.
Michelangelo mit seiner Gitarre, einzigartig!

Museo dell'Acciuga – Sardellenmuseum in Aspra

22

Die Bezeichnung »Sardellenmuseum« trifft es nicht wirklich, weil im Museo dell'Acciuga zwar die Tradition des Fangs und der Konservierung von Sardellen dokumentiert wird – aber es ist noch vieles mehr: ein Museum mit zeitgenössischen Installationen, ein Anti-mafia-Zentrum – und Musik wird auch gemacht!

Die Brüder Michelangelo und Girolamo Balistreri erbten vom Vater in Aspra, einem ehemaligen kleinen Fischerort, eine Fabrik, in der Sardellen in Salz und Öl konserviert wurden. Da sie nicht wollten, dass die Tradition des Fangs, der Verarbeitung und Konservierung der kleinen »blauen« Fische in Vergessenheit gerät, bauten sie eine neue Fabrik und wandelten die alte im Jahr 2005 in ein Museum um: In einer Vielzahl von Räumen wird alles rund um die kleinen Fischchen erzählt – aber nicht nur. Vor einigen Jahren versuchte ein ehemaliger Schulfreund von Michelangelo 100 000 Euro Schutzgeld von den beiden Unternehmern zu erpressen. Sie bezahlten nicht, sondern wandten sich an die Polizei – seither werden sie 24 Stunden am Tag bewacht. An die Episode erinnert ein ganz besonderer Saal im Sardellenmuseum: Überreste alter Fischerboote sind mit Porträts von Mafiaopfern und Gedichten gegen die organisierte Kriminalität bemalt. In einem weiteren Raum sind von Girolamo gefertigte zauberhafte Miniaturen zu bewundern, darunter das Fischerdorf Aspra in alten Zeiten. Andere Säle sind berühmten Persönlichkeiten der Gegend gewidmet, so dem aus Bagheria stammenden Regisseur Giuseppe Tornatore (geb. 1956). Wieder andere Räume zeigen, witzelt Girolamo, »*fesserie*« (ital. Unsinn), die andernorts in Italien garantiert als zeitgenössische Installationen betrachtet werden würden. Der charismatische Michelangelo, ein den Traditionen seiner Insel verhafteter begnadeter Poet, Musiker und Geschichtenerzähler, führt mit viel Witz und Charme durch das Museum. Und immer wieder greift er dabei zur Gitarre und singt alte Weisen oder selbst gedichtete Lieder – und bringt dabei die Besucher zum Lachen und Weinen. Und im Verkaufsshop können köstliche Sardellenspezialitäten probiert und erstanden werden.

Museo dell'Acciuga · Via Cotogni 1 (Piazza Verdone) · 90011 Aspra-Bagheria · Tel. 091/95 62 71
www.museodellacciuga.it · Mo–Sa 9.30–12.30, 16.30–19.30 Uhr und nach Voranmeldung

23 Wo die frühen Christen ihre letzte Ruhe fanden

Auf einem ehemaligen Landgut im Küstenort Villagrazia di Carini westlich von Palermo entdeckte Antonio Salinas, einer der bedeutendsten sizilianischen Archäologen, 1899 die zweitgrößte frühchristliche Katakombe Siziliens und sogar die größte in Westsizilien.

Leider musste sie wieder zugeschüttet werden. Dabei blieb es für ein ganzes Jahrhundert. Im Zweiten Weltkrieg diente der unterirdische Friedhof als Luftschutzkeller, später durchteilte die neugebaute Staatsstraße das Gelände. Erst seit dem Jahr 2000 wird die Katakombe wissenschaftlich erforscht, 3500 m² sind bisher freigelegt. Doch der Friedhof ist viel größer. Möglich, dass die Katakombe von Carini sogar die von Syrakus an Ausdehnung übertrifft. Sie gehörte zu einer Siedlung aus dem 4. Jh. n. Chr. an der Straße von Messina nach Marsala. Die Lage, der fruchtbare Boden und der Wasserreichtum machte Hykkara, wie Carini damals hieß, von der Spätantike bis ins

Das Fresko zeigt die in Sizilien älteste und noch kaum bekannte Darstellung der Drei Weisen aus dem Morgenl

Mittelalter wohlhabend. Es war eine der ältesten Diözesen Siziliens. Sogar das Bischofsgrab haben die Archäologen identifiziert: Was später als Zisterne diente, war einst ein riesiges Baldachingrab im Zentrum der Anlage.

Einige Themen der bedeutenden Wandgemälde wie die Anbetung Christi durch die Könige sind die ältesten in Sizilien nachgewiesenen Beispiele. Insgesamt stellen die Malereien alt- und neutestamentliche Szenen wie das Isaakopfer dar oder Moses, der Wasser aus dem Fels fließen lässt, sowie Alltagsszenen und rein römische Motive.

Seit 2015 ist die Katakombe sonntags bei Führungen zugänglich. Begeistert zeigen die jungen Forscher die Malereien und erklären, was die griechischen und lateinischen Inschriften erzählen. Manchmal ist die Katakombe auch abends offen oder es gibt Ausstellungen oder Konzerte im unterirdischen Friedhof. Dann ist die Atmosphäre besonders ergreifend.

Alle Sizilianer kennen die Ballade der unglücklichen Baronin Laura Lanza. Im Sommer finden in ihrem Kastell kunterbunte Kulturveranstaltungen statt.
Castello di Carini
Corso Umberto 1 · 90044 Carini
Tel. 091/8 61 11 11
Mo–So 9–13, 15–19 Uhr

Catacombe di Villagrazia di Carini · Via Nazionale 3 · 90044 Villagrazia di Carini · Tel. 327/9 84 95 19
www.archeofficina.com · nur nach Anmeldung So 10–13.30 und 15–17 Uhr, im Sommer 16–20 Uhr

Fassade der barocken Villa Cattolica
Renato Guttusos Grabmal im Garten der Villa ist selbst ein Kunstwerk.

Werke des Malers Guttuso in der Villa Cattolica

24

Moderne und zeitgenössische Kunst? Einer der bedeutendsten Künstler Italiens im 20. Jahrhundert? Wer sich dafür interessiert, darf einen Besuch in der Villa Cattolica in Bagheria, dem einstigen Villenvorort, 16 Kilometer östlich von Palermo, nicht versäumen.

Prächtige Adelsvillen prägten einst den Ort, nicht nur die berühmte Villa Palagonia mit ihren Steinmonstern, die einst Goethe so missfallen haben. Nach dem Zweiten Weltkrieg entstanden in fast allen Gärten durch illegale Bauspekulationen hässliche Wohnsilos, Bagheria verkam. Doch der Niedergang der Mafia Ende des 20. Jh. wirkte sich positiv aus. Viele Denkmäler werden seitdem renoviert und kulturell genutzt.

Auch die barocke Villa Cattolica. Was war sie nicht schon alles: Adelsresidenz, Cholera-Hospital, Kaserne, sogar Produktionshalle für Lebensmittelkonserven. 1973 gründete die Gemeinde darin ein Museum für moderne Kunst. Als Zeichen der Verbundenheit mit seiner Geburtsstadt schenkte der weltbekannte Maler und Bühnenbildner Renato Guttuso ihr einige Bilder, die so zum Grundstock der Sammlung wurden. Zu sehen sind daneben Werke anderer Künstler, die Guttuso prägten oder mit denen er befreundet war. Nirgendwo auf dem Globus gibt es so viele Guttuso-Werke auf einmal! Die Räume sind gut ausgeleuchtet, manche haben noch die herrlichen alten Majolikaböden. Über Videos kommt Guttuso selbst zu Wort. 1911 in Bagheria geboren, lernte er zunächst das Handwerk des Karrenmalers. Er war Antifaschist, Kommunist, begeistert von Picasso und gilt als größter Vertreter des italienischen Neorealismus. Nachdem er im Jahr 1987 in Rom gestorben war, schuf sein Freund, der Künstler Giacomo Manzù, im Garten der Villa für ihn ein Grabmal aus blauem Marmor mit vier flatternden Tauben aus vergoldeter Bronze.

Auch eine Abteilung sizilianischer Karren (vgl. Kapitel 3) gehört zum Museum. Eine Kunst, die Guttuso von Kindheit an faszinierte. Außerdem kann der Besucher eine Sammlung von Kinoplakaten aus der Zeit von 1924 bis 1987 bewundern.

Museo Guttuso · Villa Cattolica · Via Rammacca 9 (SS 113) · 90011 Bagheria
Di–So 9–17, im Sommer: 9–18 Uhr · Eintritt: 9 €

25 Orthodoxe Osterfeierlichkeiten der Arberesh

Am Ostersonntag ziehen in Piana degli Albanesi, dem Hauptort der Altalbaner in Sizilien, Frauen in farbenprächtigen altalbanischen Trachten und kostbarem Schmuck durch die Stadt. Von nah und fern kommen Einheimische und Touristen, um den traditionellen Umzug zu sehen, einen Höhepunkt der orthodoxen Osterwoche.

Im 15. Jh. brachte der Albanerfürst Scanderbeg (1405–1468) einen Teil seiner Landsleute auf der Flucht vor den in Albanien einfallenden Türken nach Sizilien, wo sie im wenig besiedelten Hinterland von Palermo Land erhielten. Sie gründeten dort die Bauerndörfer Piana di Greci (heute Piana degli Albanesi), Contessa Entellina, Santa Cristina Gela, Mezzojuso und Palazzo Adriano, wo mit den Arberesh bis heute eine albanische Minderheit mit eigener Sprache und kultureller Identität lebt. Die einst orthodoxen Albaner mussten zwar in Sizilien katholisch werden, es wurde ihnen jedoch gestattet, den griechisch-byzantinischen Ritus beizubehalten. Sie gehören damit zur Gruppe der dem katholischen Papst unterstehenden, östlich ausgerichteten unierten Kirche, was bedeutet, dass die Arberesh nach wie vor auf orthodoxe Weise taufen und heiraten und Weihnachten und Ostern feiern.

Bei den Albanern gibt es die besten Cannoli Siziliens: krokante Röllchen, liebevoll gefüllt mit Ricotta, Schokoladenstückchen und dekoriert mit kandidierten Früchten.

Besonders eindrucksvoll sind die Osterfeierlichkeiten in Piana degli Albanesi. Das Geschehen konzentriert sich um die Demetrius-Kathedrale herum: Am Palmsonntag reitet der Eparch, der albanische Erzbischof, zur Erinnerung an Jesu Einzug in Jerusalem auf einem Esel zur Kathedrale. Am Gründonnerstag wäscht er den Gläubigen die Füße, wie einst Jesus den Aposteln. Am Karfreitag werden bis spät in die Nacht vor der Urne des gekreuzigten Christus Klagelieder gesungen. In der Ostersamstagsnacht und am Sonntag wird die Auferstehung gefeiert. Unglaublich, wie sich nach 500 Jahren die Tradition erhalten hat! In der palermitanischen Martorana-Kirche feiern die Albaner übrigens jeden Sonntag eine orthodoxe Messe.

Infos über die albanischen Osterfeierlichkeiten: www.siciliainfesta.com, www.prolocopianadeglialbanesi.com

Osterprozession in Piana degli Albanesi, dem Hauptort der Arberesh.
Zauberhaft, die kostbaren alten Trachten der Altalbaner.

26 Unglaublich leckere Carciofi im Artischockendorf Cerda

Auf der Piazza von Cerda thront ein riesengroßer »König Artischocke«. Kein Wunder, lebt doch das kleine Madonien-Dorf vom Anbau der Edeldistel. Von Dezember bis April kommen Liebhaber des leckeren Gemüses zum Artischockenessen in das Städtchen. Unfassbar, wie viele Zubereitungsarten es gibt!

Eines Tages erblickte der Göttervater Zeus die mit ihren grün-violetten Augen und ihrem aschblonden Haar wunderschöne Nymphe Cynara. Wütend, weil sie seinen amourösen Avancen nicht nachgeben wollte, verwandelte er sie kurzerhand in eine Artischocke. Diesem Mythos verdankt die Pflanze ihren botanischen Namen »Cynara«. Die Heimat der Wildartischocke (*Cynara cardunculus*) ist der östliche Mittelmeerraum, von wo aus sie durch die alten Griechen nach Sizilien gelangte. In der Antike wurden Artischocken sowohl von den Griechen als »kaktos« sowie später von den Römern als »carduus« sehr geschätzt, nicht nur als schmackhaftes Gemüse, sondern auch als Aphrodisiakum und in der Medizin. Während die Araber das von ihnen »kharshuf« genannte Gemüse auf Sizilien weiter kultivierten, geriet es auf der italienischen Halbinsel in Vergessenheit. Erst der Florentiner Filippo Strozzi brachte Mitte des 15. Jh. die Artischocke von Sizilien aus in die Toskana, von wo sie dann auch im übrigen Europa und in der Neuen Welt Einzug hielt.

Artischockenkünstlerin: Giusy Nasca ist eine großartige Artischockenköchin und darüber hinaus eine gute Malerin, wie die vielen Bilder an den Wänden des gemütlichen kleinen Lokals Trattoria Nasca zeigen.

Heute werden 40 Prozent der Kulturartischocken (*Cynara scolymus*) in Italien angebaut, wobei Sizilien als Anbaugebiet eine Spitzenreiterposition einnimmt. Im Westen der Insel wird die mittelgroße, stachelige Sorte »Verde di Palermo«, in Ostsizilien die nicht stachelige Art »Violetto di Sicilia« bzw. »Violetto di Catania« kultiviert. Die stacheligen Artischocken sind der Wildform näher und werden von Kennern besonders geschätzt – und in den Lokalen von Cerda wird genau diese Variante serviert.

Trattoria Nasca 1 · Piazza Rosario Merlina 2 · 90010 Cerda · Tel. 091/8 99 10 65 oder 328/3 59 59 63 · www.trattorianascacerda.com · Di–So 12–19.30 Uhr

(Koch)künstlerin Giusy Nasca lässt sich in ihrer Küche gerne über die Schulter schauen.

27 Gangi – das Rennen der Heiligen zum Heiligen Geist

Am 20. April 2014 stand es fest: Gangi ist das schönste Dorf in ganz Italien. In einer Online-Abstimmung eines italienischen Fernsehsenders entschied sich die Mehrheit des Publikums für das kleine Bergstädtchen in den Madonien, 125 Kilometer südöstlich von Palermo gelegen.

Eine typische Touristenstadt, in der sich Souvenirbude an Souvenirbude reiht und die Massen sich schieben, ist Gangi nicht. Hier setzt man auf sanften Tourismus. Der 1011 Meter hoch gelegene Ort hat seine Idylle bewahrt. Die Fernsicht in die Madonien ist grandios, an klaren Tagen kann man sogar den Ätna sehen.

Dennoch ist das schönste Dorf Italiens, wie fast alle im Inselinneren, von der Abwanderung betroffen. 6700 Menschen leben noch hier, in den 1960er-Jahren waren es noch doppelt so viele. Die Agrarreform war gescheitert, die Bauern hatten keine Perspektive mehr. Für ein modernes Leben ist Gangi zu abgelegen. Arbeitsplätze – Fehlanzeige. Die Häuser stehen leer und verfallen. Um dem entgegenzuwirken, hat Gangi mit den wohl niedrigsten Immobilienpreisen Europas zu einer aufsehenerregenden Maßnahme gegriffen: Wer innerhalb von drei Jahren das Haus restauriert, bekommt es für nur einen einzigen Euro.

Berühmt ist Gangi für seine Wurst-, Käse- und Brotspezialitäten. Zu Weihnachten wird sogar eine Krippe aus Brot gebacken. Spektakulär ist auch die Prozession am Pfingstmontag. 42 blumengeschmückte, meist lebensgroße Heiligenstatuen aus den Kirchen Gangis werden auf Gerüste geschraubt und von den Männern durch die Straßen getragen. Solche Feste sind wichtig für Orte wie Gangi, denn sie stiften Identität und ein Gefühl des Zusammengehörens. Am Ende wird es rasant: Die Heiligen und ihre Träger nehmen vor der Kirche des Heiligen Geistes Anlauf, rennen unter lauten Rufen hinein, werden dort gestoppt und rennen wieder hinaus, das Ganze dreimal, ehe sie sich dreimal vor der Dreifaltigkeit verneigen. Danach kehrt wieder Ruhe ein ins beschauliche Gangi.

Santuario dello Spirito Santo · Contrada Spirito Santo SNC, 90024 Gangi
Tel. 0921/64 43 22

An der Piazza befindet sich die mittelalterliche Kirche des Heiligen Nikolaus von Bari.

28 Manna – Köstliches aus biblischem Himmelsbrot

Im 2. Buch Mose heißt es, dass Gott für die nach ihrem Auszug aus Ägypten die Wüste durchquerenden und vor Hunger murrenden Israeliten »Manna« vom Himmel regnen ließ – eine knusprige weiße, nach Honigkuchen schmeckende Süßigkeit. Und tatsächlich, aus Manna gefertigte Leckereien haben etwas Himmlisches!

Unweit von Cefalù befindet sich am Fuß des majestätischen Pizzo Carbonara (1979 m) das knapp 9000 Einwohner zählende Städtchen Castelbuono. Sein mittelalterliches Stadtbild mit engen Gässchen, der alten Burg der Ventimiglia sowie der hübschen Piazza Margherita allein wäre schon einen Besuch wert. Berühmt ist das malerische Städtchen inmitten der Madonie-Berge aber wegen seiner aus Manna gefertigten Süßigkeiten.

Die Konditorei Fiasconaro: Die berühmte Konditorei offeriert kostenlos Häppchen der mit Manna gefertigten Leckereien, darunter köstlichsten Panettone, den traditionellen italienischen Weihnachtskuchen.

Bei Manna handelt es sich um das Harz der Mannaesche (*Fraxinus ornus* und *Fraxinus augustifolia*), einem von den Arabern eingeführten und einst in weiten Teilen Siziliens kultivierten Baum. Gewonnen wird Manna durch das Anritzen des Baumstamms, wodurch ein hauptsächlich aus Mannitol bestehender Saft austritt, der unter Sonneneinwirkung schnell erhärtet. Bereits die antiken Ärzte Galenos von Pergamon und Dioskurides wussten um den Nutzen von Manna. Aufgrund seiner vielfältigen Verwendungsmöglichkeiten in der Medizin, hauptsächlich als Abführmittel, zum Entgiften und Entschlacken, war Manna in der Vergangenheit stark nachgefragt. Das Naturprodukt wurde darüber hinaus als Süßstoff genutzt. Noch bis in die 1960er-Jahre lebten ganze Dörfer in Sizilien von der Herstellung von Manna. Als die synthetische Herstellung von Mannit begann, stellten viele Mannabauern leider die Produktion ein.

Heute ist die Mannaesche in Sizilien selten geworden. Nur um Castelbuono herum befindet sich noch ein Manna-Eschen-Wald, weshalb hier und in dem Nachbarstädtchen Pollina immer noch Manna hergestellt wird.

Pasticceria Fiasconaro · Piazza Margherita 10 · 90013 Castelbuono · Tel. 0921/67 71 32
www.fiasconaro.com · Do–Di 7–23 Uhr

Mit dem Harz der Manna-Esche lassen sich köstliche Leckereien herstellen.

Das Kunsthotel liegt direkt am malerischen Strand von Castel di Tusa.
Das Zimmer »Il Nido« (Das Nest) wurde von dem zeitgenössischen Künstler Paolo Icaro realisiert.

Atelier sul Mare – schräges Kunsthotel in Tusa

29

Übernachten mitten im Kunstwerk? Eine Nacht im Museum verbringen? Warum nicht? In einem der außergewöhnlichsten Hotels Siziliens ist dieses besondere Erlebnis möglich. Das Dreisternehaus liegt direkt am Meer, viele Zimmer haben Meerblick, im Sommer hält das Restaurant Tische direkt am Strand bereit.

Man sollte zeitgenössische Kunst schon mögen, sonst lässt man besser die Finger vom Art Hotel Atelier sul Mare, an der Bucht von Castel di Tusa zwischen Cefalù und Santo Stefano di Camastra. Man fragt sich, ob es eher ein Hotel oder eher ein Museum ist.

Die Idee, alle Zimmer nach und nach in bewohnbare Kunstwerke zu verwandeln, stammt von dem Bauunternehmer Antonio Presti, auf dessen Initiative bereits die umstrittene »*Fiumara d'Arte*«, das »Flusstal der Kunst«, zurückgeht. Rund die Hälfte der 44 Zimmer sind schon »*Camere d'Arte*«, von denen jedes ein anderer, international renommierter Künstler gestaltet hat. Jedes Zimmer ist ein Unikat, jedes ein Meisterwerk. Eines ist dem Regisseur Pasolini gewidmet, ein anderes ist kreisrund und hat eine Öffnung im Dach, die sich elektrisch öffnen lässt, das Zimmer »Trinakria« erinnert an die dreieckige Form Siziliens und ist von Dreiecken geprägt, das »Zimmer des geleugneten Meeres« ist mit dunklen Holzschränken verkleidet, über denen Monitore ständig das Rauschen des Meeres einspielen. Wer eine möglichst große Vielfalt erleben will, kann während des Aufenthalts jede Nacht in einem anderen Zimmer schlafen. Am Wochenende ist eine italienischsprachige Führung durch die verfügbaren Kunstzimmer im erstaunlich erschwinglichen Übernachtungspreis enthalten. Eines sollte aber klar sein: In den Kunstzimmern hat die Kunst stets Vorrang vor dem Funktionalen; Fernseher, Minibar oder bequeme Abstellmöglichkeiten gibt es nicht.

Auch die noch nicht verwandelten Standardzimmer sind wahre Kunstgalerien mit Malereien, Plastiken, Installationen oder Keramiken. Ein Aufenthalt in diesem besonders exzentrischen Haus wird sicher jedem Gast ewig in Erinnerung bleiben.

Museo Albergo Atelier sul Mare · Via Cesare Battisti, 4 · 98079 Castel di Tusa · Tel. 0921/33 42 95
www.ateliersulmare.com/it/ · Standard DZ/ÜF ab 100 €, Kunst-DZ/ÜF ab 120 €

30 Mistrettas zauberhaftes Tal der Wasserfälle

Wer die sprudelnden Wasserfälle nahe des hoch gelegenen Nebrodenstädtchens Mistretta bewundern will, muss sich erst einmal anstrengen: enge Pfade durchwandern, sich durch Gebüsch zwängen und Flüsschen überqueren. Der Anblick des mächtig von den Felsen herabrauschenden Wassers lässt aber jede Mühe vergessen …

Einst waren die Wasserfälle nur Schäfern bekannt, sie hatten nicht einmal einen Namen. Vor fünf Jahren hatte dann Daniela Dainotta, eine engagierte Naturschützerin aus Mistretta, die Idee, den Verein »Tal der Wasserfälle« ins Leben zu rufen. Seither begleiten Wanderführer Touristen aus aller Welt zu dem auf Sizilien einzigartigen Naturschauspiel. Die Wasserfälle befinden sich im wenig erschlossenen Nordosten Siziliens, inmitten des 1993 etablierten Regionalparks Monti Nebrodi. Der Park zeichnet sich durch eine wilde Landschaft mit kleinen Bergstädtchen, Flüsschen, (Stau)seen und Wäldern aus – ideal für »Zivilisationsmuffel«, die den Stress des Alltags eine Weile hinter sich lassen wollen. Eine besondere Attraktion sind die zehn »Schwestern«, wie die insgesamt zehn Wasserfälle genannt werden, ungefähr vier Kilometer außerhalb von Mistretta. Gespeist werden sie von zwei zunächst parallel verlaufenden und sich später vereinenden Wasserläufen aus den umliegenden Bergen Monte Piano (950 ü. NN) und Monte Castelli (1.566 ü. NN). Die Flüsschen graben sich canyonartig durch ein Tal, wobei ihr Wasser an einigen Stellen in einer Höhe von zwischen sechs und 34 Metern lautstark nach unten stürzt. Da die Wasserfälle von den Fahrstraßen aus nicht zu sehen sind, kommen nur Wanderer in den Genuss dieser »Wassermusik«. Ausschilderungen gibt es nicht, weshalb die Kaskaden ohne Wanderführer kaum zu finden sind.

Die beste Jahreszeit für einen Ausflug zu den Wasserfällen ist von Frühjahr bis Herbst, im Winter ist die Wanderung wegen des hohen Wasserstands zu gefährlich. Im Frühjahr sind Gummistiefel unerlässlich, im Sommer hingegen empfiehlt sich Badekleidung – schließlich hat eine Naturdusche unter einem Wasserfall schon etwas! Wer die Wasserfälle besuchen möchte, sollte allerdings schon ein wenig Kondition mitbringen.

Associazione Valle delle Cascate (nur auf Voranmeldung) · Contrada Ciddia · 98073 Mistretta
Tel. 328/7 62 12 15 oder 371/3 99 84 97 · vallecascatemistret@tiscali.it

Cascata dell'amore – der kleinste der Wasserfälle von Mistretta

31 Spezialitäten vom Nebrodenschwein

Das schwarze Nebrodenschwein ist eine einheimische Schweinerasse, die auf Sizilien spätestens seit der Antike nachgewiesen ist. Heute leben nur mehr circa 2000 Exemplare nahezu wild in den Wäldern der Nebrodischen und der Madonie-Berge. Die Farbe der eher kleinen Schweine ist, wie schon der Name nahelegt, schwarz. Ihre Beinchen und Schnauzen sind recht lang und damit ausgezeichnet geeignet, im Dickicht der Wälder nach Eicheln und Kastanien, ihrer Lieblingsnahrung, zu suchen. Aufgrund der Seltenheit der Rasse sind Würste und Schinken aus ihrem Fleisch eine teure Delikatesse und nur in ausgesuchten Feinkostgeschäften und Restaurants zu finden.

Ristorante Borgo Murauto · Via Murauto · 98060 Piraino · Tel. 0941/58 12 35 oder 388/3 97 14 88
www.borgomurauto.it · Do–Di 12–14.30, 20–22 Uhr

32 Chantals Traum – »Just Be & B«

Chantal Saija, Schweizerin mit sizilianischen Wurzeln, verwirklichte mit ihrem entzückenden Be & B den Traum von der Selbstständigkeit. Unterstützt wird sie von ihrer ganzen Familie. Eigentlich stammen die Saijas gar nicht aus Piraino, aber Chantal verliebte sich sofort in das mittelalterliche Bergdorf in den Nebroden mit dem atemberaubenden Blick auf die Äolischen Inseln. Die nur sechs Zimmer des B&B sind geschmackvoll eingerichtet und mit allen Annehmlichkeiten ausgestattet. Beim reichhaltigen Frühstücksbuffet wird Wert auf frische lokale Zutaten gelegt. Und dann erst der traumhafte Garten mit Whirlpools und Liegen – ein idealer Ort zum Ausspannen!

Just Be & B · Contrada S. Leonardo 38 · 98060 Piraino · Tel. 331/7 08 43 02
www.justbeandb.com

Die Schinken und Salami vom Nebrodenschwein sind eine wahre Delikatesse!
Vielfältig und lecker, das Frühstück in Chantals kleinem Be & B.

Die Reste der römischen Wohnhäuser stehen in traumhafter Lage hoch über dem Meer.
Vom antiken Tyndaris genießt man einen herrlichen Ausblick auf die Lagune.

Tindari – Ruinen mit Meerblick

33

Die meisten Besucher kommen ins hoch über dem Meer auf einem Felsen gelegene Tindari wegen der Wallfahrtskirche der Schwarzen Madonna. Dass es aber gleich daneben bedeutende Reste der antiken Stadt Tyndaris zu bewundern gibt, nehmen leider die wenigsten Gäste wahr.

Am 8. September macht sich halb Sizilien auf den Weg zur Schwarzen Madonna. Auch sonst ist ihr Heiligtum gut besucht. An zahlreichen Pilgersouvenirbuden geht es vorbei zur Piazza Belvedere. Nomen est omen: Der Blick ist genial und schon allein einen Besuch wert. Gleich dort steht die bonbonfarbene Wallfahrtskirche, die erst in den 1970er-Jahren fertiggestellt wurde. Wer ein kleines Stück weitergeht, steht vor dem Eingang der Ausgrabungsstätte.

Unterhalb des Stadtfelsens, beim Mare Secco mit seinen weiten Sandbänken und den Lagunenseen, liegt einer der schönsten Strände Siziliens.

396 v. Chr. als militärischen Vorposten gegen die Karthager gegründet, ist Tyndaris eine der letzten griechischen Gründungen auf Sizilien. Die Stadt wuchs schnell, fiel im 3. Jh. v. Chr. an die Römer und wurde im 9. Jh. n. Chr. von den Arabern zerstört.

Gleich hinter dem Eingang befindet sich ein kleines Museum, wobei die interessantesten Funde aus Tindari in Palermo zu besichtigen sind. Danach gelangt der Besucher nach rechts über die antike Hauptstraße des sich rechtwinklig schneidenden Straßensystems zu Resten römischer Wohnhäuser mit schönen Bodenmosaiken, einer Thermenanlage und den hoch in den Himmel ragenden Ruinen der Basilika, die zugleich das Eingangstor zur Agora war. Auf der anderen Seite des Museums liegt, malerisch unter Pinien an den Hang angelehnt, das griechische Theater. Herrlich muss der Ausblick schon damals gewesen sein – darauf legten die Griechen bei ihren Theatern stets Wert – ehe die Römer die Sicht durch ihr heute nicht mehr erhaltenes Bühnengebäude verstellten.

Egal, wo man steht, der Ausblick ist fantastisch. An klaren Tagen erkennt man die Liparischen Inseln.

Area Archeologica di Tindari · Via del Teatro Greco · 98060 Patti, Località Tindari · täglich 9 Uhr bis eine Stunde vor Sonnenuntergang · Eintritt: 6 € · Parkplatz am Fuß des Berges, Shuttlebus zum Santuario

Gegenüber von Messina scheint das kalabresische Festland zum Greifen nahe zu sein.

Wo Skylla und Charybdis ihr Unwesen treiben

34

Wo heute schöne Strände und, bei den Lagunenseen von Ganzirri, Fischlokale locken, war seit jeher die 32 Kilometer lange und am engsten Punkt nur 3 Kilometer breite Straße von Messina zwischen dem italienischen Festland und Sizilien für die Schifffahrt höchst gefährlich, wie schon Homer im 8. Jh. v. Chr. berichtet.

Odysseus befand sich bei der Durchfahrt buchstäblich »zwischen Skylla und Charybdis«. Auf der Festlandseite Skylla, das sechsköpfige Ungeheuer, das von jedem Schiff sechs Mann Besatzung pflückt und verschlingt. Auf der sizilianischen Seite Charybdis, die dreimal am Tag das Wasser so tief einsaugt, dass jedes zu nahe kommende Schiff in dem Sog verschwindet. Tatsächlich sind es starke Strömungen am Zusammenfluss von Ionischem und Tyrrhenischem Meer. Durch die Gezeiten beträgt der Höhenunterschied des Meeresspiegels einen halben Meter. Alle sechs Stunden wechselt die Strömung. Hinzu kommt, dass das Tyrrhenische Meer ca. vier Grad kälter als das Ionische ist.

Täglich um 12.00 Uhr eröffnet am Domturm ein brüllender Löwe das Glockenspiel, an dessen Ende Maria den Gesandten Messinas einen Schutzbrief übergibt.

Heute sorgen weniger Monster als vielmehr der umstrittene, unfinanzierbare Brückenbau über den *Stretto* für Schlagzeilen. Muss man in einem Gebiet, das so oft von Erdbeben erschüttert wird, die längste und höchste Hängebrücke der Welt errichten? Die Brücke schien Berlusconis liebstes Kind zu sein, fiel aber mit seiner Entmachtung einstweilen ins Wasser. Auch Umweltschützer wetterten. Das Meer ist reich an Fischen, v. a. Thun- und Schwertfischen, und jährlich überfliegen zahlreiche Zugvögel, v. a. Raubvögel und Störche, den *Stretto*.

Bevor 1994 das Kabel am Meeresboden in Betrieb ging, bezog Sizilien seit 1955 seinen Strom über eine Hochspannungsfreileitung vom Festland. Die riesigen Pylone stehen noch. Zwar fließt über sie kein Strom mehr, doch zeigen sie noch heute an, wo einst Skylla und Charybdis saßen. Der Mast bei Messina dient heute Besuchern als Aussichtsturm.

Pilone di Torre Faro · Via Fortino · 98164 Torre Faro
24 Stunden geöffnet

35 Mächtige Abtei San Filippo di Fragalà

Zwei Kilometer über dem kleinen Städtchen Frazzanò thront mit der ehemaligen Basilianerabtei San Filippo di Fragalà ein wahres architektonisches Kleinod auf einer Bergspitze. Seit byzantinischer Zeit soll es hier ein Kloster gegeben haben. Die heutige Abtei (1090) geht auf eine Stiftung des Normannengrafen Roger I. zurück, dessen Frau Adelasia lange in dem Kloster lebte. San Filippo di Fragalà war ein bedeutendes Kulturzentrum, dem zahlreiche Klöster unterstanden. Die Atmosphäre der alten Abtei lädt zur Kontemplation ein – und der Blick auf die Nebrodischen Berge und das Tyrrhenische Meer ist einfach atemberaubend!

Abbazia San Filippo di Fragalà · 98070 Frazzanò · Tel. 0941/95 90 37 (Kommune Frazzanò)
April–Okt Mo–So 9.30–12.30, Nov–März Mo–Fr 9.30–12.30 Uhr

36 Moda Italiana – das Modemuseum von Mirto

Nicht nur in Italiens Fashion-Hauptstadt Mailand gibt es ein Modemuseum, sondern auch in dem kleinen Bergdorf Mirto. Untergebracht ist das 1991 eröffnete Museum im Palazzo Cupane (18. Jh.), dem ehemaligen Sommerpalast der Adelsfamilie Cupane. Es geht auf den Architekten und Kostümbildner Giuseppe Miraudo zurück. Er überließ dem Museum seine Privatsammlung, die später durch Schenkungen und Ankäufe erweitert wurde. Zu bewundern sind in zahlreichen Sälen ca. 2500 Kostüme und Accessoires vom Ende des 17. Jh. bis in die 1960er-Jahre. Die Sammlung reicht von Bauerntrachten und den Trachten der Altalbaner bis hin zu Adelsroben.

Museo del costume e della moda siciliana · Via Cupane 64 · 98070 Mirto · Tel. 0941/91 90 68
www.museomirto.it · Di–Fr 10–13, Sa–So 10–13, 16–19 Uhr

Frisch restauriert: Die einst mächtige Abtei San Filippo di Fragalà
Kleider machen Leute – Kostümmuseum von Mirto

Als ob Don Michael Corleone immer noch hier säße …

Der Pate lebt – Bar Vitelli in Savoca

37

Ein Wallfahrtsort für alle Fans des »Paten«. 1971 drehte hier Francis Ford Coppola Teile des berühmten Filmklassikers. Michael Corleone hielt hier, in der Bar seines Schwiegervaters, um die Hand von Apollonia an. Seitdem scheint die Zeit stehen geblieben zu sein.

Die halbstündige Fahrt von Taormina über die Serpentinenstraßen in die Peloritanischen Berge lohnt schon wegen der spektakulären Ausblicke. Savoca selbst ist ein Dorf mit knapp 1700 Einwohnern, das zu Recht zu den »schönsten Dörfern Italiens« zählt. Neben dem Rathaus befindet sich in einem Palazzo des 18. Jh. die legendäre Bar Vitelli. Seit den Dreharbeiten für den »Paten« scheint sich nicht viel verändert zu haben, sogar der Filmname »Vitelli« ist geblieben. Nur gehört inzwischen ein Weinkeller dazu, und ein kleines Boutiquehotel soll demnächst eröffnen. In zwei Räumen des urigen, liebevoll eingerichteten Lokals werden Bilder vom »Paten« gezeigt, Pate-Souvenirs werden zum Verkauf angeboten und Nino Rotas Filmmusik erklingt in Endlosschleife. Noch heute ist der Tisch, an dem einst Al Pacino alias Michael Corleone saß, der begehrteste. Schließt man die Augen, hat man das Gefühl, Michael säße immer noch hier.

Ein weiterer Drehort war der Nachbarort Forza d'Agrò. Wer durch die Via Roma schlendert, die Annunziata-Kirche und das Belvedere besucht, fühlt sich wie im Film.

Keinesfalls sollte man versäumen, die ausgezeichnete *Granita al Limone* oder die köstlichen *Cannoli* zu probieren. Oder lieber einen Cocktail »The Godfather«? Auch die Salate sind zu empfehlen. Am entspannendsten ist die Atmosphäre gegen Abend, wenn es ruhiger wird. Von der Bar aus blickt der Besucher über die Peloritanischen Berge aufs Meer, auf die Statue zu Ehren desjenigen Regisseurs, der die Bar in der ganzen Welt bekannt gemacht hat, sowie zur Kirche San Nicolò, in der Michael Corleone und Apollonia getraut wurden und die bei einem kurzen Spaziergang zu erreichen ist.

Im April 2014 rückten wieder die Kameras an. Diesmal drehten sie einen Werbespot für »Birra Moretti«.

Bar Vitelli · Piazza Fossia, 7 · 98038 Savoca
Tel. 334/9 22 72 27

38 Reizendes Barockschlösschen Castello degli Schiavi

Das Castello degli Schiavi ist einer der wichtigsten Schauplätze der Verfilmung von Mario Puzos Roman »Der Pate«: Hier lebt im ersten Teil der Trilogie Don Michael Corleone, dessen Frau Apollonia im Garten einer Autobombe zum Opfer fällt. Und im dritten Teil sinkt der Pate in ebendiesem Garten tot vom Stuhl.

Als der Regisseur Francis Ford Coppola (geb. 1939) 1971 nach Sizilien kam, wollte er die sizilianischen Passagen des in den 1950er-Jahren spielenden »Paten« eigentlich in Corleone abdrehen. Das Dorf war damals aber bereits zu modern geworden, außerdem stellte der dortige Mafia-Clan maßlose Schutzgeldforderungen. Dem Filmer, der mit seinem Team im Luxushotel San Domenico in Taormina logierte, gefiel ohnehin die dortige Gegend besser, weshalb viele Szenen hier abgedreht wurden: Die Landschaft im Film um Corleone herum ist in Wirklichkeit die bei Motta Camastra; die Straßen Corleones sind in Wirklichkeit die von Forza d'Agrò; die Bar Vitelli, in der Michael Corleone bei dem Besitzer um die Hand von dessen Tochter Apollonia anhält, befindet sich in Savoca, wo auch die Hochzeit der beiden stattfindet; und die vom sizilianischen Don Tommasino dem jungen Paar zur Verfügung gestellte »Villa Corleone« ist in Wirklichkeit das Castello degli Schiavi in Fiumefreddo. Den Tipp hatte Coppola vom Direktor des San Domenico erhalten, und mit dem Eigentümer des hübschen Barockschlösschens, Baron Franco Platania, wurde er schnell einig. Da Coppola 1974 für den zweiten und 1990 für den dritten Teil des »Paten« erneut im Castello degli Schiavi drehte, weiß der charmante Baron unglaublich interessante Geschichten über die Dreharbeiten zu dem Filmklassiker und dessen Protagonisten – Al Pacino (als Michael Corleone), Robert De Niro (als junger Vito Corleone) und Diane Keaton (als Kay Adams) – zu erzählen. Aber auch ohne den »Paten« wäre das nach dem Erdbeben von 1693 auf den Überresten eines alten Lavasteinbruchs als Sommerpalast der Prinzen von Palagonia errichtete Schloss mit seinem Park und seinen Antiquitäten einen Besuch wert. Anschließend lädt die nahe gelegene Marina di Cottone zum Baden ein.

Castello degli Schiavi · Besichtigung nur nach Voranmeldung · Via Marina 11
95013 Fiumefreddo · Tel. 347/5 85 36 10

Filmgeschichte: Die Villa des »Paten« Don Michael Corleone

Der Ausblick von der Terrasse ist einmalig.
Die Auswahl an Pizza-Klassikern und kreativen Varianten ist groß.

39

Il Tocco – Bio-Pizzeria mit Weitblick

Eine leckere Pizza in angenehmer Atmosphäre, typische frittierte Häppchen, dazu ein kühles Bio-Bier und eine spektakuläre Aussicht – was will man mehr an einem lauen Sommerabend?

Die Einfahrt ist gut versteckt. Wenn man nicht weiß, wie das Hinweisschild aussieht, kann man es leicht übersehen, ist es doch recht klein und unauffällig, direkt gegenüber der Tankstelle an der Hauptstraße Viale Ionio gelegen. Wer die Einfahrt einmal gefunden hat, findet sich auf einem großen staubigen Parkplatz voller Schlaglöcher und mit einem eifrigen Einweiser wieder. Auch hier ahnt man nicht, was einen erwartet. Ohne Frage – das »Tocco« ist etwas für Insider. Wer aber seinen Weg zum eigentlichen Lokal fortsetzt, dem bleibt wahrhaftig die Spucke weg. Er befindet sich auf einer riesigen Terrasse mit einem gigantischen Ausblick: aufs Ionische Meer, auf die darunterliegenden Ortschaften, aufs kalabresische Festland und auf den Ätna. Wer aber spät kommt oder nicht vorher reserviert hat, der wird es mit großer Wahrscheinlichkeit bei dem kurzen Blick belassen müssen. Eine typische Touristenkneipe ist es wirklich nicht, auch wenn es die Karte mittlerweile auch in englischer Fassung gibt. Fast alle Besucher sind junge oder jung gebliebene Einheimische, die etwas zu feiern haben oder die ganz einfach als Familie, mit Freunden oder in romantischer Zweisamkeit eine leckere Pizza in toller Atmosphäre genießen wollen. Wer Glück hat, erlebt ganz in der Nähe, ganz nebenbei, auch noch eines der zahlreichen lokalen Feuerwerke als Zugabe.

Es ist eine reine Pizzeria, es gibt auch ein paar Antipasti, Frittiertes oder ein paar wenige Burger-Gerichte. Pasta sucht man auf der Karte vergebens. Die Pizza aber, die *Focacce* und die herrlichen Salate gibt es in großer Auswahl, sind ganz frisch zubereitet, ein Großteil der Produkte trägt das Bio-Siegel. Auch das Bier, das die Italiener stets zu ihrer Pizza trinken, gibt es in Bio-Varianten oder auch glutenfrei.

Es gibt auf Sizilien gewiss Pizzerien, in denen man für etwas weniger Geld satt wird. Aber allein wegen des tollen Blicks und der fantastischen Atmosphäre an einem lauen Sommerabend ist ein Besuch lohnenswert.

Pizzeria Il Tocco · Viale Jonio, 38 · 95024 Acireale · Tel. 095/7 64 88 19
www.iltocco.it · täglich ab 20 Uhr · Reservierung empfohlen

40 Der reizende Garten des Ex-Grand Hotel des Bains

Lange zählte Acireale zu den bedeutendsten Kurstädten Europas und zog Prominenz wie Italiens König Umberto I. oder den Komponisten Richard Wagner an. Inzwischen verfällt das einst grandiose Thermalbad, und auch das ehemalige Luxushotel hat den Betrieb eingestellt – geblieben ist nur sein zauberhafter Garten.

Baron Agostino Pennisi di Floristella (1832–1885) war ein außergewöhnlicher Mann: Er managte mit unternehmerischem Geschick seine enormen Ländereien, inklusive der riesigen Schwefelmine Floristella. Vor allem aber machte er aus seiner Heimatstadt Acireale ein europaweit bekanntes Thermalbad. Zu diesem Zweck ließ er die Schwefelquelle Santa Venera in die Stadt umleiten und verpflichtete den Florentiner Erfolgsarchitekten Mariano Falcini zum Bau eines Thermalbads sowie eines Luxushotels. Sogar die Eisenbahn ließ Pennisi direkt zur Kuranlage fahren! Der Erfolg blieb nicht aus, bald war Acireale in aller Munde. Doch im Zweiten Weltkrieg besetzten die Deutschen das Hotel, und was sie nicht mitnahmen, plünderte anschließend die lokale Bevölkerung. 1951 wurde das Thermalbad vom Staat übernommen, heruntergewirtschaftet und 2010 wegen Baufälligkeit geschlossen. Nur dank des Engagements des Ururenkels von Agostino Pennisi, Francesco Pennisi und dessen Frau Maria, entging das einstige Luxushotel demselben Schicksal: Die beiden wandelten das Gebäude in ein Wohnhaus um und zogen hier ein. Der traumhafte Garten des Ex-Hotels, ausgestattet mit einem Coffee House, einem Fasanenhaus, Teichen und Brunnen sowie einer unglaublichen Anzahl mediterraner sowie tropischer Pflanzen und Bäume ist der Öffentlichkeit zugänglich. Im Sommer finden dort seit gut zehn Jahren hochkarätige Konzerte statt. Außerdem ist das Ex-Hotel Schauplatz von Filmen, wie etwa mit dem Commissario Montalbano nach den Büchern von Andrea Camilleri.

Übernachtungsluxus noch heute: Im Ex-Hotel werden drei elegante, mit Antiquitäten ausgestattete Suiten zum Übernachten angeboten – und der Blick auf den Garten ist einfach traumhaft!

Villa Pennisi · Besichtigung des Gartens nur auf Voranmeldung · Piazza Agostino Pennisi 29
95024 Acireale · Tel. 095/44 26 77 · www.villapennisi.com, www.palazzo800.it

Der Garten der Villa Pennisi (Ex-Grand Hotel des Bains) – eine grüne Oase inmitten der Stadt

41 Wenn Lava und Wasser sich küssen

Es geschah in vorgeschichtlicher Zeit. Bei einem Ausbruch eines Seitenvulkans des Ätna floss glühende Lava ins Flusstal des Alcantara und traf dabei auf das kalte Wasser. Dadurch kühlte die Lava wesentlich schneller ab als unter Normalbedingungen, und so entstanden die bizarren Basaltformen.

Der Alcantara entspringt in den Nebroden in 1250 Metern Höhe, mündet nach 50 Kilometern bei Giardini Naxos ins Meer und ist einer von wenigen Flüssen in Sizilien, die im Sommer nicht austrocknen. Den Namen gaben ihm die Araber nach einer römischen Brücke (arab. *al qantar*). Bis zu 25 Meter hoch und zwischen zwei und fünf Metern breit ist das Tal. Die Wände, die durch ein Erdbeben entstanden sind, bei dem sich die Lavaschicht gespalten hat, sind reich an Eisen, Magnesium und Kalzium.

Obwohl das fruchtbare Tal seit 2001 unter Naturschutz steht, ist hier einiges los. Die meisten Besucher gelangen über den Haupteingang beim Besucherzentrum für 13 Euro mit dem Aufzug nach unten. Hier werden u. a. einstündige Führungen und Ausrüstungen zum Verleih angeboten. Wer bis ganz hinten zum Wasserfall gehen will, braucht gute Kondition und muss auch mal schwimmen. Aber Vorsicht: Durch die stetigen Wassermassen ist der Boden der Schlucht glatt geschliffen und rutschig! Auch auf Steinschlag und Strudel sollte man achten. Selbst im Sommer bei konstanten zwölf Grad ist das Wasser eiskalt.

In der Nähe befindet sich das malerische Bergdorf Calatabiano. Ein Panorama-Aufzug führt hinauf in die Burg, die einen traumhaften Ausblick bietet.
Castello di Calatabiano
Via Alcantarà 142 · 95011 Calatabiano
Mi–So, Juni–Sept 10–13, 16–21, sonst 9.30–13.30 Uhr

Den Haupteingang mit Lift und teurem Touristen-Pipapo kann man sich getrost sparen und für 1,50 Euro am »*Ingresso comunale*« (gegenüber der Infobude) 224 Stufen nach unten gehen. Diese nehmen auch die Einheimischen, die die Schlucht am Wochenende gerne als Picknickplatz nutzen. Mit etwas Vorsicht kann man an heißen Sommertagen barfuß durch das Kiesbett und das kristallklare Wasser waten und eine der spektakulärsten Naturlandschaften der Insel genießen.

Gole dell'Alcantara Ingresso Comunale · Contrada Sciara-Larderia · Via Nazionale 5 · 98030 Motta Camastra · Tel. 0942/98 50 10 · www.golealcantara.it · 8.30–17, April–Okt bis 18.30 Uhr · Eintritt: 1,50 €

Die bizarren Basaltformen des Alcantara-Flusses.

Die Gemeinde Sant'Alfio ist mächtig stolz auf ihren Riesenbaum.
Hier soll Königin Johanna I. mit ihrem gesamten Gefolge Unterschlupf gefunden haben.

Hundert Pferde unter einem Baum

42

Vom kleinen Ort Sant'Alfio am Osthang des Ätna würde kaum jemand Notiz nehmen, stünde da nicht, umgeben von netten Lokalen, eine riesengroße Kastanie. Aber ist sie wirklich der dickste und älteste Baum Europas? Seit Jahren kämpft Sant'Alfio für die Aufnahme seines Megabaums ins Welterbe der UNESCO.

Die Legende erzählt, Königin Johanna I. von Anjou soll bei einer Jagd in ein Unwetter geraten sein und mit ihrem zahlreichen Gefolge unter dem Baum Zuflucht gefunden haben. Dort soll sie die ganze Nacht mit einem Liebhaber zugebracht haben, bis das Wetter am nächsten Morgen wieder gut genug war, um weiterreiten zu können.

Die erste sichere Erwähnung der »Kastanie der hundert Pferde« geht aufs Jahr 1636 zurück. Als sie die örtlichen Behörden 1745 unter Schutz stellten, war dies eine der ersten Naturschutzakte überhaupt. Schon damals galt sie als eine Attraktion auf der sog. »Grand Tour«. Zahlreiche Reisende zeichneten sie, in ihrem Stamm muss sogar eine Hütte gestanden haben. Auch ein Feuer hat der Riesenbaum im Jahr 1923 schon überstanden, bei dem der Hauptstamm Schaden nahm. War es wirklich ein Racheakt der Einwohner der Nachbarstadt Giarre, weil Sant'Alfio, bis dahin Ortsteil von Giarre, die Unabhängigkeit erlangt hatte?

Das hübsche Dorf Milo ist nicht umsonst Feriendomizil vieler berühmter Italiener. Die berühmte Trattoria »4 Archi« bietet tollste Gaumenfreuden. Osteria 4 Archi · Via Francesco Crispi 9 · 95010 Milo Tel. 095/95 55 66 · Mo–Di und Do–So 19–00, Sa–So ab 12 Uhr, Mi Ruhetag

Botaniker schätzen, dass die Edelkastanie 2000–4000 Jahre alt ist. Sie ist 22 Meter hoch und hat einen Stammumfang von ebenfalls 22 Metern, wobei sich der Stamm in drei Teilstämme geteilt hat. Ob es sich dabei tatsächlich um einen einzigen Baum handelt, darüber streiten sich die Gelehrten. Im Guinness-Buch der Rekorde steht die Kastanie als dickster Baum der Welt, allerdings auf Basis der Erwähnung von 1780, die den Umfang mit 57,9 Metern angibt. So stolz die Einwohner von Sant'Alfio auch sein mögen, der dickste Baum der Welt ist ihr »Castagno dei Cento Cavalli« wohl nicht.

Castagno dei Cento Cavalli · Via/Piazza del Castagno Dei Cento Cavalli
95010 Sant'Alfio

43

Blüten, Zitrone oder Kastanie – der leckere Ätna-Honig

»Città del miele« (Honigstadt) nennt sich das Ätna-Städtchen Zafferana Etnea, in dem über 700 Imker etwa 15 Prozent des gesamten italienischen Honigs produzieren. Das in vielen Geschmacksarten in Läden, aber auch bei den Imkern selbst erhältliche leckere »Ätna-Gold« ist weit über Italien hinaus berühmt.

Vulkantouristen kommen, wenn sie auf eine der beiden Bergstationen des Ätna fahren, ganz automatisch durch Zafferana Etnea. Die meisten trinken hier allenfalls etwas in einer Bar an der hübschen, am Fuß der barocken Mutterkirche »Santa Maria della Provvidenza« gelegenen Piazza Umberto, halten sich ansonsten aber nicht lange im Dorf auf. Das ist ein Fehler, denn wo sonst lässt sich so viel über die Imkerei und Bienenprodukte erfahren? Die meisten »Zafferanesi«, wie die Einwohner genannt werden, lebten ursprünglich von der Käseherstellung, dem Weinanbau, der Köhlerei oder vom Verkauf des in Lavagrotten gelagerten Schnees an die Bars von Catania. Gegen 1920 jedoch gab ein erster Bauer sein altes Handwerk auf, um sich als Imker zu betätigen. Bald folgten ihm viele weitere. Vor allem rückkehrende Gastarbeiter investierten ab den 1960er-Jahren in Bienenstöcke. Da die Imker ihre Bienenkörbe nicht nur auf dem Ätna aufstellen, wo Pflanzen und Bäume auf dem fruchtbaren Vulkanboden üppig gedeihen, sondern in ganz Ost- und Zentralsizilien umherziehen, wird in Zafferana eine schier unendlich große Zahl an Honigarten produziert: *Millefiori* (1000 Blüten), Orange, Zitrone, Kastanie, Süßklee oder Waldhonig, um nur die wichtigsten Sorten zu nennen. Darüber hinaus gibt es Marmeladen-ähnliche Honigcremes verschiedenster Geschmackssorten wie etwa Pistazie, Haselnuss oder Erdbeere. Viele Imkereien verkaufen außerdem Bienenprodukte wie Propolis oder Gelee Royal und Wachskerzen.

In dem kleinen, liebevoll eingerichteten Imkerei-Museum ist alles über die Tradition der Imkerei auf dem Ätna zu erfahren.

Casa Museo dell'Apicoltore · Via Tenente Scuderi Giusepp 26 · 95019 Zafferana Etnea
Tel. 095/7 08 16 77 · www.casadellapicoltore.it · Mo–Di, Do–Fr 9–14, 16–19, Mi 9–19 Uhr

Einfach lecker: das »gelbe Gold« vom Ätna!

44 Antike Theatermasken am Logenplatz zum Ätna

Centuripe, eine 5000 Seelen zählende Kleinstadt, weit entfernt von allen touristischen Hauptrouten, überrascht jeden, der den Weg dorthin auf sich nimmt, mit einer großen Vergangenheit, fantastischen Ausblicken auf den Ätna und einem Luftbild, das auf jeder Landkarte für Erstaunen sorgt.

Interessante Grabungsfunde werden stolz im archäologischen Museum präsentiert. Sogar eine eigene Keramikgattung ist nach der kleinen Nebroden-Stadt benannt. Besonders wertvoll ist eine Sammlung griechisch-hellenistischer Theatermasken aus dem 3.–1. Jh. v. Chr., als Centuripe seine größte Blüte hatte. Im griechischen Theater hatte die Maske eine doppelte Funktion: Sie charakterisierte eine Figur und diente gleichzeitig als Resonanzkörper für die Stimme des Schauspielers, quasi ein Vorläufer des Mikrofons. Die versteckt in einer Ecke des kleinen, aber feinen Museums gezeigte Sammlung ist immerhin die zweitgrößte ihrer Art, gleich nach derjenigen von Lipari.

Nicht weit vom Museum führt der Weg zum sog. »Castello Corradino«, das in Wahrheit die Ruine eines römischen Grabmonumentes ist. Der Blick von hier ist atemberaubend: der majestätischste Logenplatz zum Ätna.

Das Verblüffendste aber an Centuripe ist der Anblick aus der Vogelperspektive. Liegt da ein schlafender Mann mit ausgebreiteten Armen? Oder ist es ein Seestern? Oder ein Adler oder gar ein Gespenst? Doch wie kommt es zu der seltsamen Form? Der Ort breitet sich in ca. 700 Metern Höhe über mehrere Hügelrücken aus, die sich sternförmig in die Landschaft erstrecken. Zu Beginn des 20. Jh., der Hochzeit des Schwefelabbaus im Inselinnern, von dem auch Centuripe erheblich profitierte, kam es zu einer regelrechten Bevölkerungsexplosion. Die Bebauung wuchs nach außen, den Strukturen des Geländes folgend. Doch schon bald folgte der Niedergang, bedingt durch die Schwefelkrise auf Sizilien, und die Einwohnerzahl ging stetig zurück. Was blieb, ist das vielleicht ungewöhnlichste Luftbild einer Stadt in der ganzen Welt.

Museo Archeologico Civico · Via G. Cesare 1 · 94010 Centuripe · tägl. 9–19 Uhr · Eintritt frei
Belvedere am Castello Corradino · Viale Corradino · 94010 Centuripe

Antike Maske im kleinen, aber sehr sehenswerten Archäologischen Museum

Rotgolden leuchten die Pistazienfrüchte in der warmen Spätsommersonne.

Das »grüne Gold Siziliens« stammt aus Bronte

45

Am Westhang des Ätna, unweit von Catania, liegt die 19000-Seelen-Stadt Bronte. Von hier stammt das »grüne Gold Siziliens«, kein Olivenöl, sondern die besten Pistazien Europas. Zur Erntezeit Anfang September sind alle auf den Feldern, auch Kinder und Rentner, während die Stadt wie ausgestorben ist.

Ende September, wenn die Ernte abgeschlossen ist, wird gefeiert. Das Pistazienfest ist weit über die Grenzen der Stadt bekannt.

Der Legende nach ernannte die Königin von Saba die Pistazien zu einem rein königlichen Nahrungsmittel und verbot dem Volk, sie zu verzehren. Im 1. Jh. n. Chr. soll Kaiser Vitellius sie in Rom eingeführt haben. Tatsache ist, dass die grünen Nüsse aus dem Nahen Osten stammen und die Araber sie nach Sizilien brachten.

Auf der erkalteten Lava in 400 bis 900 Metern Höhe finden die Bäume ideale Bedingungen vor. Der Boden ist mineralreich und es gibt auch genügend kühle Tage, die die Pflanzen ebenfalls brauchen. Um Baum und Qualität zu stärken, werden die oft jahrhundertealten Bäume nur alle zwei Jahre abgeerntet und weder bewässert noch chemisch gedüngt. Bronte-Pistazien haben ein intensiveres Grün, eine leuchtend violette Haut und einen aromatischeren Geschmack und lassen türkische und iranische Pistazien buchstäblich blass aussehen.

Nachdem Admiral Nelson 1798 König Ferdinand zur Flucht verholfen hatte, erhielt er die sehenswerte Benediktinerabtei Maniace (12. Jh.) als Lehen.
Castello di Nelson
Via Taormina · 95030 Maniace-Bronte · Tel. 095/69 00 18
www.comune.bronte.ct.it

Kenner kaufen ihre Pistazien direkt beim Bauern. Rund eintausend Kleinbetriebe erzeugen den Löwenanteil. Etwa 80 Prozent der durchschnittlich 2500 Tonnen Bronte-Pistazien sind für den Export bestimmt. Der Rest bleibt auf Sizilien und wird zu salzigen Köstlichkeiten wie *Pesto di Pistacchio* oder Wurstwaren, genauso wie zu Süßspeisen, Gebäck, Eis oder *Crema di Pistacchio*, einer Art Pistazien-Nutella, verarbeitet. Auch als Panade für Fleisch oder Fisch oder gar als Pizzabelag schmecken sie hervorragend. Keinesfalls sollte man Bronte verlassen, ohne diese Leckereien probiert zu haben!

46 Mit der Bummelbahn rund um den Ätna

Die schönste Jahreszeit für die Ätna-Umrundung mit der Ferrovia Circumetnea ist der Frühling, wenn der Ginster in seiner gelben Blütenpracht die Lavafelder zwischen Linguaglossa und Randazzo kontrastiert und die Haselnuss- und Kastanienbäume grün leuchten. Ein wahrer Genuss für Eisenbahnnostalgiker!

Die Geschichte der Ätna-Bahn beginnt Ende des 19. Jh., als man sich daranmachte, die abgelegenen Ätna-Dörfer mit Catania zu verbinden. Den Auftrag zum Bau sowie die Konzession für den Betrieb der Bummelbahn erhielt der britische Ingenieur Robert Trewhella (1830–1909), der sich 1860 in Catania niederließ. 1889 wurde mit dem Bau von Brücken, Tunneln, Überführungen und Bahnhöfen begonnen. Nur knapp sechs Jahre später wurde die erste Teilstrecke von Catania nach Adrano eröffnet, kurze Zeit später die Strecke nach Riposto. Die höher gelegenen Städte waren dann Ende der 1920er-Jahre an das Bahnnetz angeschlossen. Im Zweiten Weltkrieg erlitten sowohl die Gleise als auch die Züge schwere Schäden, wodurch die Privatbahn in finanzielle Schwierigkeiten geriet und vom Staat übernommen werden musste. Die alten Dampfzüge, von denen einige noch bis in die 1960er-Jahre in Betrieb waren, gibt es heute nicht mehr. Inzwischen wurden die Züge modernisiert und die Teilstrecke Paternò–Adrano teilweise unter die Erde verlegt. Zwischen dem Hafen, dem Hauptbahnhof und der Haltestelle Borgo in Catania, von der aus die *Circumetnea* abfährt, verkehrt heute eine Metro.

Die Strecke, die sich mit der *Ferrovia Circumetnea* zurücklegen lässt und die einmal komplett um den Ätna herumführt, beträgt 110 Kilometer. An 30 Haltestellen kann man ein- und aussteigen. Aber nicht die ganze Strecke ist lohnenswert, schließlich ist die Ätna-Eisenbahn nicht für Touristen, sondern in erster Linie für Pendler gedacht. Landschaftlich am attraktivsten ist die ca. einstündige Strecke von Riposto hinauf in das mittelalterliche Randazzo, wo das vielleicht schönste Ätna-Städtchen zu einem Bummel einlädt. Die aktuellen Abfahrtszeiten und Haltestellen sind der Homepage der *Circumetnea* (siehe unten) zu entnehmen.

Ferrovia Circumetnea · Via Caronda 352/A · 95128 Catania · Tel. 095/54 12 50 · www.circumetnea.it
Die Linie verkehrt täglich bis auf Sonn- und Feiertage.

Ätna-Erkundung mit der Bummelbahn – eine besondere Art sich dem »dampfenden Riesen« zu nähern.

Auf dem Vulkan gedeihen edle feurige Tropfen.

Wilder Ätna-Nord – Heimat exzellenter Vulkanweine

47

Landschaftlich am schönsten präsentiert sich der Ätna, Europas größter aktiver Vulkan, auf seiner wilden Nordseite. Genau dorthin hat sich der Schwerpunkt des Weinanbaus auf dem Ätna verlagert. Auf einer Hochebene zwischen Randazzo und Castiglione di Sicilia wird heute eine Art »Ätna-Burgunder« produziert.

Als die alten Griechen im 8. Jh. v. Chr. an der Ostküste landeten und Kolonien gründeten, brachten sie nicht nur den Kult um den Weingott Dionysos, sondern auch Reben und die Kultur der Weinherstellung mit. Schon antike Autoren wie Strabon und Plinius der Ältere priesen die sizilianischen Weine. Nach einer Flaute im Mittelalter erlebte der Weinanbau ab dem 18. Jh. einen neuen Boom. Zu den wichtigsten Anbaugebieten zählte der Ätna, wo die Weinstöcke einen besonders mineralhaltigen Boden und ausreichend Wasser vorfinden. Noch gegen 1880 wurden in der Ätna-Gegend auf stolzen 50 000 Hektar hochwertige Tafelweine erzeugt, was den Vulkan zum bedeutendsten Weinanbauzentrum Siziliens machte. Doch das Auftreten der Reblaus (1880) und die Konkurrenz aus Frankreich ließen den Weinanbau zum Erliegen kommen. Dank resistenter Unterlagsreben begannen die Ätna-Bauern zwar wieder Wein anzubauen, aber hauptsächlich für den Eigenbedarf. Erst in den letzten Jahrzehnten kam der Weinanbau auf dem Ätna wieder in Schwung, und zwar auf höheren Lagen auf der Nordseite des Ätna, wo wegen des kühleren Klimas ähnliche Bedingungen wie in Norditalien vorherrschen. Zu 94 Prozent werden dort Rotweintrauben angebaut, hauptsächlich die autochthonen Sorten »Nerello Mascalese« und in geringerem Umfang »Nerello Cappuccio«. Mit der »Carricante-Traube« gibt es auch eine einheimische weiße Sorte. Aus diesen Trauben werden die berühmten Etna DOC-Weine produziert, die als Erste auf Sizilien überhaupt mit dem Qualitätslabel ausgezeichnet wurden!

Die Vulkankellerei Patria: In der »Ätna-Weinmetropole« Castiglione di Sicilia bietet die Kellerei Patria Besichtigungen ihrer Produktionsanlagen sowie Degustationen ihrer grandiosen Vulkanweine an.

Cantine Patria · S.S. 120 Km, Solicchiata · 95012 Castiglione di Sicilia
Tel. 0942/98 60 72 oder 337/89 12 06 · www.vinipatria.it

48

Studieren im einst mächtigen Benediktinerkonvent

Der ehemalige Benediktinerkonvent San Nicolò l'Arena von Catania zählt zu den größten Klosteranlagen in Europa – eine richtige »Stadt in der Stadt«! Nach der Säkularisierung (1866) mussten die Mönche das Kloster verlassen. Heute ist es Sitz der geisteswissenschaftlichen Fakultät der Universität Catania.

Die Benediktiner waren in Catania seit der Zeit der Normannen präsent, als Graf Roger I. 1091 den bretonischen Mönch Ansgerich zum Erzbischof ernannte. 1136 zogen sich die Benediktiner in das auf dem Ätna errichtete Kloster San Nicolo l'Arena zurück. Ätna-Ausbrüche und das unwirtliche Klima veranlassten die Mönche jedoch zur Rückkehr nach Catania und zum Bau eines neuen Klosters auf dem Montevergine-Hügel, der antiken Akropolis der Stadt. Der Grundstein wurde 1558 gelegt und, obwohl es eineinhalb Jahrhunderte dauerte, bis der riesige Klosterkomplex fertiggestellt war, zogen die Benediktiner bereits 1612 in das Kloster ein. Bald wurde die reiche Abtei zu einem bedeutenden Studienzentrum – mit einer Bibliothek, einem Museum und einem botanischen Garten. In den Zeiten der Grand Tour versäumte es kein Catania-Besucher den Konvent aufzusuchen, der manchem wie im Jahr 1770 Patrick Brydone wie ein Königspalast erschien. Schenkt man Federico De Roberto (1861–1927) Glauben, der in seinem Roman *I Vicere* (*Die Vizekönige*) über das recht weltliche Leben der aus Adelsfamilien stammenden Mönche lästert, scheinen die Sitten dort recht locker gewesen zu sein. Nach der Enteignung des Klosters (1866) kam der Bau, der fortan als Militärkaserne, Schule und astrophysisches Observatorium genutzt wurde, herunter. Erst als 1977 die Stadt Catania das Gebäude – mit Ausnahme der Sala Vaccarini (heute Stadtbibliothek) – an die Universität abtrat, wurde es aufwendig restauriert. Seither ist es Sitz der geisteswissenschaftlichen Fakultät der Universität Catania. Einige ihrer Absolventen gründeten 2010 die Kulturvereinigung *Officine Culturali* und führen Interessierte durch den zum UNESCO-Kulturerbe erhobenen Komplex. Für die einstündigen Führungen auf Englisch und Italienisch, die immer zur vollen Stunde beginnen, ist eine Voranmeldung erforderlich.

Monastero dei Benedettini di San Nicolò l'Arena · Piazza Dante 32 · 95124 Catania
Tel. 095/7 10 27 67 oder 334/9 24 24 64 · www.monasterodeibenedettini.it · Nach Voranmeldung

Spektakulär – das ehemalige Benediktinerkloster von Catania

49 Aperitif in einer Grotte – A Putia dell'Ostello

Nicht umsonst wird Siziliens zweitgrößte Stadt, Catania, »Mailand des Südens« genannt: Die quirlige Stadt am Fuße des Ätna verfügt über ein äußerst lebendiges Nachtleben. Vor allem in den lauen Sommernächten brummt im hübschen Stadtzentrum mit seinen zahlreichen Restaurants, Straßencafés so richtig der Bär.

Häufig lassen Touristen Catania aus, was aber in verschiedener Hinsicht ein Fehler ist: Die Stadt verfügt über tolle Sehenswürdigkeiten, etwa spannende Ruinen aus der Römerzeit wie ein Theater, ein Odeon, ein Amphitheater sowie zahlreiche Thermen, ferner über ein reizendes barockes Zentrum sowie mit dem Castello Ursino über die beeindruckendste Stauferburg der Insel. Außerdem kann man in Catania wunderbar shoppen und die Restaurant- und Kneipenlandschaft sucht ihresgleichen. Um Kundschaft anzulocken, müssen sich die Gastronomen in Catania schon etwas einfallen lassen – etwa eine unterirdische Grottenkneipe.

Fischmarkt: Vormittags außer sonntags bieten auf Siziliens spektakulärstem Fischmarkt Verkäufer lautstark eine bunte Vielfalt von Fischen und Meeresfrüchten feil.

Bis er bei dem großen Ätnaausbruch von 1669 begraben wurde, strömte der Amenano-Fluss oberirdisch durch Catania, bevor er ins Ionische Meer mündet. In der tropfenden Lava-Grotte der originellen Kneipe A Putia dell'Ostello, gleich hinter dem Fischmarkt neben der barocken Chiesa di Santa Maria dell'Indirizzo und den abends beleuchteten römischen Terme dell'Indirizzo gelegen, ist der Fluss noch heute zu sehen. Das Lokal ist die »In-Kneipe« von Catania und bietet ihren zumeist jungen Gästen die ganze Woche über besondere Events: An Donnerstagen und Sonntagen Livemusik, am Dienstag Bauchtanzaufführungen und am Montag Diskothekenbetrieb mit einem DJ. Die Bar ist täglich rund um die Uhr, das Restaurant ebenfalls täglich von 12 bis 19 Uhr geöffnet. Die Grotte kann zwischen 10.30 und 19 Uhr gegen eine Gebühr von einem Euro besichtigt werden, die aber auf den Konsum angerechnet wird. Der Besuch lohnt sich in jedem Fall!

A Putia dell'Ostello · Piazza Currò 1 · 95121 Catania
Tel. 095/7 23 30 10

Urig ist sie, die Lavakneipe, auch wenn es etwas tropft …

Die Liebe zur Tradition steht im Vordergrund.
Für Decortack sind ausschließlich einheimische Handwerker und Künstler aktiv.

Individuelle Sizilien-Accessoires für Sie

50

Souvenirgeschäfte mit viel Kitsch und Klimbim »made in China« gibt es an jeder Straßenecke im Zentrum von Catania. Ganz in der Nähe des Doms aber lässt ein kleiner Laden mit Sizilien-Accessoires, die mit Billigkitsch nichts zu tun haben und dennoch bezahlbar sind, Frauenherzen höherschlagen.

Alles fing damit an, dass Emanuele mit einem hochhackigen Damenschuh zu einem Schuhmacher kam und ein kleines Keramik-Medaillon mit einem Maurenkopf in der Hand hielt. »Können Sie das hinten auf dem Absatz anbringen?« »Decortack« war geboren. Der Name steht für ausgezeichnetes klassisches Handwerk verschiedener Sparten und in unterschiedlichsten Materialien. Um die Schuhe, Taschen und Modeaccessoires mit den typischen Sizilienmotiven wie dem Ätna, Kaktusfeigen, Orangen, *Carretti Siciliani* oder Figuren der Opera dei Pupi herzustellen, sind ausschließlich einheimische Handwerker und Künstler aus allen Provinzen Siziliens im Einsatz, denen man die Liebe zu ihrer Insel, aber auch zur Tradition genauso wie zur Innovation stets anmerkt.

Jedes einzelne Stück im Laden ist ein handgefertigtes Unikat. Emanuele legt Wert darauf, dass alle seine Produkte trotz der hohen Qualität und Individualität für jedermann bezahlbar bleiben. Im Angebot sind auch handbemalte Fächer, Ledertaschen oder Schmuck. Auch eigene Taschen dürfen gerne zur Bemalung nach persönlichen Wünschen mitgebracht werden. Dabei reicht es aus, per E-Mail ein Foto mit dem Motiv zu schicken oder es am besten gleich mitzubringen.

Eines der Materialien, das »Decortack« gerne einsetzt, ist ganz besonders außergewöhnlich und sizilientypisch gleichermaßen: das getrocknete Fasergewebe der Feigenkakteen. Es ist federleicht, höchst dekorativ, individuell und erinnert ein wenig an ein natürliches Netz. In Gold oder Silber eingefärbt, ziert es eine dunkle, einfarbige Handtasche auf ganz wunderbare Weise. Auch außergewöhnliche Ohrringe, die fast kein Gewicht haben, kann man trefflich daraus fertigen. Der Fantasie sind keine Grenzen gesetzt.

Decortack · Via Giuseppe Garibaldi 7 · 95121 Catania
Tel. 329/4 10 92 47 · info@decortack.it

Im Luftschutzbunker erleben Besucher Bombenangriffe hautnah.

Kriegsgeschichte zum Miterleben

51

Unweit vom Bahnhof, nahe am Meer, wo in der Vergangenheit stinkende Schornsteine qualmten, ist inzwischen der moderne, freundliche Kulturkomplex »Le Ciminiere« entstanden. Hier befindet sich mit dem »Museo Storico dello Sbarco in Sicilia 1943« Siziliens bedeutendstes Museum für Zeitgeschichte.

Die Auftaktszene: eine sizilianische Piazza zur Zeit des Faschismus, mit allem was dazugehörte. In jedes Haus kann der Besucher hineinschauen. Plötzlich heulen die Sirenen auf. Schnell in den Luftschutzbunker!! Es wird dunkel, es dröhnt, kracht, wackelt und schwankt. Dann die Entwarnung. Da ist sie wieder, dieselbe Piazza – nach dem Bombenangriff. Ein buchstäblich bewegender Einstieg!

Auf 3000 Quadratmetern Fläche über drei Stockwerke präsentiert sich das anschauliche, gepflegte Museum mit seinem engagierten Personal. Doch Achtung: Zwei Stunden vor Ende der Öffnungszeit schließt die Kasse, und so viel Zeit sollte man für den Besuch auch durchaus einplanen. Italienischkenntnisse sind hilfreich. Das Museum dokumentiert nicht nur die Landung der Alliierten, sondern auch die Situation vor, während und nach dem Krieg. In Installationen kommen Zeitzeugen zu Wort. Auch der Besucher nimmt interaktiv am Geschehen teil. Lebensecht sind die Wachsfiguren von Hitler, Roosevelt und Churchill sowie von Mussolini und Viktor Emanuel III. Nachgebaut ist auch das Zelt in Cassibile, in dem Giuseppe Castellano und Bedell Smith am 3. September 1943 den Waffenstillstand unterzeichneten, der aber erst fünf Tage später bekannt gemacht wurde, und wodurch sich Italien aus dem Bündnis mit Nazi-Deutschland löste. Fast exakt 60 Jahre später öffnete das Museum seine Pforten.

Am Ende bleiben die Opfer. Vor einem Bild des englischen Soldatenfriedhofs von Catania liegt eine Statue, zu deren Füßen die Namen der Gefallenen eingeblendet werden. Ein ruhiger und würdiger Abschluss.

Seitdem die ehemalige Schwefelraffinerie in das Kulturzentrum »Le Ciminiere« umgewandelt wurde, gibt es dort tolle Ausstellungen und fetzige Konzerte.
Viale Africa 12 · 95129 Catania
Veranstaltungskalender auf: www.cataniatoday.it

Museo Storico dello Sbarco in Sicilia 1943 · Centro Culturale Le Ciminiere · Piazzale Rocco Chinnici s.n. · 5100 Catania · Di–So 9–17 Uhr, Juli/Aug 10–18 Uhr letzter Eintritt 2 Stunden vorher · 4 €

52 Pasta alla Norma – Nudeln zu Ehren des Komponisten

Welcher Opernliebhaber kennt nicht die Arie »Casta diva« aus Bellinis Oper um die Druidenpriesterin Norma, durch die Maria Callas in den 1950er-Jahren ein Weltstar wurde? Catania, die Heimatstadt des Komponisten, ehrt ihren berühmten Sohn mit einem köstlichen, nach der Oper benannten Nudelgericht.

Der 1801 in Catania geborene Vincenzo Bellini legte nach seinem Studium am neapolitanischen Konservatorium eine unglaubliche Komponistenkarriere hin. Sie führte ihn an die Mailänder Scala und nach Paris, wo er bereits 1835 in jungen Jahren verstarb. Seine Fans pilgern bis heute zu den Stätten des Meisters in Catania: der Wohnung der Familie Bellini im Palazzo Gravina Cruyllas, dem schlichten Grabmal des Musikers im Dom – und nach Möglichkeit besuchen sie in dem nach Bellini benannten Opernhaus eine Aufführung. Beim Essen denken sie natürlich auch an den Meister, indem sie sich eine »Pasta alla Norma« bestellen; ein Gericht, das in jedem Restaurant der Stadt auf der Speisekarte steht.

Wie kam es zu diesem beliebtesten Nudelgericht Siziliens? Es wird erzählt, im Jahre 1920 habe in der Casa Musco-Pandolfini in der Via Etnea ein Mittagessen von Theaterleuten stattgefunden. Als die Gastgeberin, Signora Saridda D'Urso, ein Makkaroni-Gericht auftrug – bestehend aus einer herrlich duftenden Tomatensauce mit frittierten Auberginenstückchen und Basilikum, bestreut mit gesalzenem Schafs-Ricotta – soll der Schriftsteller und Theaterregisseur Nino Martoglio (1870–1921) begeistert ausgerufen haben: »Chista è 'na vera Norma!« (Das ist eine echte Norma!) Damit wollte der als Feinschmecker bekannte Martoglio ausdrücken, das Gericht sei genau wie Bellinis Oper ein Meisterwerk. In Windeseile verbreitete sich das Lob Martoglios in der ganzen Stadt – damit hatte das Nudelgericht seinen Namen erhalten, unter dem es bis heute weithin bekannt ist.

leich beim Fischmarkt gibt es in der in die spanische Stadtmauer integrierten Bar Etoile die vielleicht beste Pasta alla Norma Catanias. Aber nicht nur die Pasta dort ist ein Gedicht, sondern es sind auch die köstlichen *dolci*.

Bar Etoile D'or · Via Cardinale Dusmet 7/9 · 95122 Catania · Tel. 346/3 47 57 25
Mo–So 24 Stunden geöffnet

Siziliens beliebtestes Nudelgericht – die Pasta alla Norma

53 Vendicari – Treffpunkt der Flamingos und Reiher

Vendicari zeichnet sich durch kilometerlange Sandstrände, kristallklares Wasser und eine nahezu unberührte Küstenlandschaft aus – ein perfektes Habitat für Flamingos, Reiher und Kormorane. Ein gut ausgebautes Wegenetz lädt zum Wandern ein, Unterstände erleichtern die Vogelbeobachtung und Baden ist erlaubt.

Zu den landschaftlich schönsten Flecken im Südosten Siziliens zählt das zwischen Noto und Pacchino gelegene, rund 1500 Hektar umfassende Naturschutzgebiet Vendicari. Es handelt sich um ein Feuchtgebiet an der Küste mit großen Süßwassertümpeln, Sanddünen und Felsenriffs. Angepasst an die besonderen Umweltbedingungen gedeihen in Vendicari Pflanzen wie etwa der Strandflieder, der Meerfenchel, der Thymian, der Wacholder, Zwergpalmen, Alraunen oder Myrten. Auffällig sind die kleinen braunen Bällchen auf den Sandstränden und Wegen, bei denen es sich um abgestorbene und zusammengerollte Blätter des im Meer in Wiesen gedeihenden Neptungrases handelt. Vor allem aber ist Vendicari ein Vogelparadies: Nicht nur Zugvögel rasten hier – es lassen sich praktisch das ganze Jahr über Flamingos und Reiher beobachten. Da die Gegend recht sumpfig ist, war sie nie besonders stark besiedelt, bestand doch stets die Gefahr, sich hier die Malaria einzufangen. Zu den wenigen vorhandenen menschlichen Spuren zählt ein kleines Dorf aus byzantinischer Zeit mit einer Kirche und einigen Nekropolen. Außerdem lässt sich mit der Torre Sveva ein eindrucksvoller Wachturm bewundern, den König Peter von Aragon im 15. Jh. zum Schutz vor Sarazenen-Überfällen hatte errichten lassen. Im 18. Jh. wurde nicht weit von diesem Turm entfernt eine Tonnara gebaut, also eine Thunfischfabrik, die noch bis 1943 in Betrieb war. Nach der Ausrottung der Malaria begannen Bauern die Gegend landwirtschaftlich zu nutzen und bauten Wein, Öl- und Mandelbäume an. Als sich aber in den 1980er-Jahren ein immer stärkeres Umweltbewusstsein entwickelte, wurde ein Großteil des Landes enteignet, um mit Vendicari das einzige noch erhaltene größere Feuchtgebiet in Südostsizilien zu erhalten.

Riserva naturale di Vendicari · Contrada Vendicari · 96017 Noto · www.riserva-vendicari.it
Mo–So 8–19 Uhr · 5 Eingänge, am Haupteingang sind Wanderkarten erhältlich.

Vendicari – ein Paradies für Vögel und Wanderer.

54 Villa del Tellaro – römische Mosaiken vom Feinsten

Welcher Sizilienreisende kennt sie nicht, die Villa Romana del Casale, mit ihren herrlichen Fußbodenmosaiken und den »Bikinimädchen«. Seit Kurzem hat sie Konkurrenz durch eine spätrömische Villa neun Kilometer nördlich von Noto mit Mosaiken von unschätzbarem Wert bekommen.

Es war 1971, als Carabinieri bei der Jagd auf illegale Raubgräber zufällig die Reste des einst 6000 Quadratmeter umfassenden Landsitzes einer Großgrundbesitzerfamilie des 4. Jhs. n. Chr. entdeckten. Die Mosaike im überdachten Wandelgang, der den zentralen Innenhof umgab, stellen dekorative geometrische Muster und hübsche Girlanden dar. Spektakulärer sind die Meisterwerke in den angrenzenden drei Wohnräumen, allen voran das Mosaik mit den Jägern und den von ihnen gefangenen Tieren sowie derjenige Raum, dessen Boden die Ilias-Szene darstellt, bei der Hektors Leichnam mit Gold aufgewogen wird. In einem weiteren Raum sind Einzelszenen umgeben von Girlanden zu sehen, die auf humorvolle Weise Satyrn und Mänaden zeigen, gruppiert um ein nicht erhaltenes Mittelbild. Erstaunlich ist die außergewöhnliche Farbvielfalt und der enorm hohe künstlerische Rang.

Am Ende der Antike zerstörte ein Feuer die Villa, vielleicht infolge der Barbareneinfälle. Die Villa geriet völlig in Vergessenheit. Um 1700 wurde darüber wieder ein Bauernhof gebaut, wobei die Mosaiken einen halben Meter unter dem Boden verschwanden.

Bei der etwa 30 Jahre dauernden Restaurierung mussten die Millionen kleinster Steinchen vom Originalboden abgetragen und auf eine neue Trägerplatte verlegt werden. Erst seit wenigen Jahren ist die Villa für Besucher zugänglich. Heute werden sie über Gitterlaufstege geführt, was eine sehr gute Ansicht gewährt und den Boden schützt, für Stockgänger oder Stöckelschuhträgerinnen aber einige Schwierigkeiten bereithält.

Gewiss ist die Villa del Tellaro bei Weitem nicht so bekannt wie die Villa del Casale. Mit der Qualität der Mosaike aber kann sie mithalten.

Villa Romana del Tellaro · Strada Provinciale Noto Pachino Km 1000 · Localita Eloro-Pizzuta
Contrada Vaddedidi · 96017 Noto · Tel. 0931/57 38 83
April–Sept 9–18.30 Uhr, Okt–März nur bis 17 Uhr · 6 €

Selbst die vermeintlich unbedeutenden Details der Mosaike sind wunderschön und ausdrucksstark.

Das Ex-Syphilis-Krankenhaus von Modica ist heute ein spannendes Medizinmuseum.
Die krümelige Pfefferschokolade ist ein interessanter Gaumengenuss!

55

Wie einst die Syphilis kuriert wurde

Heute ist Modica für seine Schokolade bekannt, früher aus einem anderen Grund: In ganz Europa stand auf Plakaten an Bahnhöfen zu lesen, dass mit den »Fässern von Campailla« die Syphilis kuriert werden könne. Betroffene reisten von überallher in die hübsche Barockstadt, um sich im »Sifilicomio« behandeln zu lassen. In Modica hatte sich nämlich der Philosoph und Medizinautodidakt Tommaso Campailla (1668–1740) eine ganz besondere Therapie einfallen lassen: Die Kranken wurden in Kabinen gesteckt, in denen sie eine Mischung aus Quecksilber und Zinnober inhalierten. Heute ist das ehemalige Campailla-Krankenhaus ein interessantes medizinhistorisches Museum.

Museo della Medicina Tommaso Campailla · Piazza Campailla · 97015 Modica · Tel. 338/4 87 33 60 (Giovanni Maria Incatasciato) · www.simoutique.com · Besichtigung nach Anmeldung

56

Köstliche Azteken-Schokolade mit Chili

Im barocken Modica dreht sich alles um Schokolade. Mit Milka und Co. hat sie wenig zu tun, Zutaten wie Milch fehlen ihr ganz. Da die Kakao-Zucker-Masse nur leicht erhitzt und nicht conchiert wird, löst der Zucker sich nicht auf. Sie bleibt etwas körnig, krümelt und knirscht im Mund. Das Rezept geht auf das uralte Original der Azteken zurück, die aus Kakaobohnen das Getränk *Xocólatl* herstellten. Von ihnen lernten es die Spanier kennen, süßten es und machten daraus ein Luxusgetränk. Erst später wurde es in Tafelform verkauft und mit Vanille, Zimt, Orangen oder Chili verfeinert. Am Corso bieten Läden die Leckerei an. Sogar ein Museum widmet sich der Spezialität.

Museo del Cioccolato di Modica · Corso Umberto I, 149 · 97015 Modica · Tel. 347/4 61 27 71 http://museocioccolatomodicircabusiness.site · Di–Sa 10–14, 16–20, So 10–13 Uhr · 2,50 €

57 Mysteriöse Totenstadt Pantalica

Die Hochebene in den Hybläischen Bergen zwischen Sortino und Ferla erinnert fast ein bisschen an den Grand Canyon. Auf einer Wanderung in atemberaubender Landschaft lassen sich nicht nur Europas größte bronzezeitliche Felsennekropole, sondern auch Überreste byzantinischer Höhlendörfer entdecken.

In Tausenden Jahren haben die beiden Flüsse Anapo und Calcinara die faszinierende, von Schluchten und Tälern durchzogene Pantalica-Hochebene gebildet. Hierher zog sich gegen 1300 v. Chr. das Volk der Sikaner vor den neu ankommenden italischen Sikulern zurück und gründete eine Siedlung, die später unter die Herrschaft ebendieser Sikuler geriet. Vieles spricht dafür, dass Pantalica die Hauptstadt des die gesamte hybläische Hochebene umfassenden bronzezeitlichen Sikulerreichs war. Übrig geblieben sind aus dieser Zeit mehr als 5000 Grabhöhlen (UNESCO-Weltkulturerbe) – teilweise abenteuerlich in Steilwände hineingehauen (Grabfunde heute im archäologischen Museum von Syrakus). Nach dem Untergang der Bronzezeitkultur blieb Pantalica lange unbesiedelt. Erst in byzantinischer Zeit zogen sich ab dem 6. Jh. wieder Menschen vor den arabischen Eroberern auf die unwegsame Hochebene zurück. Auf einer etwa dreieinhalbstündigen Wanderung lassen sich auf gut ausgeschilderten Wegen fünf bronzezeitliche Nekropolen-Komplexe und vier byzantinische Höhlendörfer entdecken. Besonders spektakulär sind die Nord-Nekropole (12.–11. Jh. v. Chr.) sowie das byzantinische Höhlenkirchlein San Micidario. Das 1997 zum Naturschutzgebiet erklärte Pantalica ist nicht nur für archäologisch Interessierte, sondern auch für Naturfreunde attraktiv: Im Frühjahr blühen hier seltene Wildorchideen, Schwertlilien, Alpenveilchen und Myrten. Immergrüne Johannesbrotbäume sorgen auch im Hochsommer für grüne Farbflecken. Vogelliebhaber sollten mit Ferngläsern ausgerüstet sein, da häufig Habichtsadler, Wanderfalken, Kolkraben und Mäusebussarde über Pantalica kreisen. Und im Sommer unbedingt Badesachen mitnehmen, denn die Gumpen des Calcinara-Flusses laden zur kühlen Erfrischung ein.

www.pantalica.org · Mit Pantalico Nord (bei Sortino) und Pantalica Sud (bei Ferla) gibt es zwei mitten in der Natur gelegene und ganzjährig offene Eingänge.

Wie Bienenwaben sehen sie aus, die Grabhöhlen von Pantalica.

Hinter seiner imposanten venezianischen Fassade verbergen sich im Castello Donnafugata verschwenderisch ausgestattete Räume.

Donnafugata – ein grandioses Herrenhaus

58

Inmitten der typisch ragusanischen Landschaft mit Bruchsteinmäuerchen und Johannesbrotbäumen erbaute Baron Corrado Arezzo, einer der bedeutendsten Aristokraten Ostsiziliens, im 19. Jh. den an venezianische Palazzi erinnernden Herrensitz. Kein Wunder, dass Donnafugata immer wieder als Filmset genutzt wird.

Ursprünglich war das Castello Donnafugata ein bescheidener Sommersitz der Familie Arezzo gewesen. 1865 machte sich Baron Corrado Arezzo de Spuches (1824–1895) an den Umbau: Auf einer Fläche von 2500 m^2 entstand ein imposantes Herrenhaus mit mehr als hundert reich ausgestatteten Zimmern. Zu den schönsten Räumen zählen der Wappen- und der Spiegelsaal, das englische Billardzimmer sowie der Musiksalon. Imposant ist die von dem Ragusaner Geometer Saverio Castillet entworfene neugotische Palastfassade mit ihrer reich verzierten Galerie. Umgeben ist der größte Adelssitz Ostsiziliens von einem 85 000 m^2 großen Park. Er ist mit einem klassizistischen Coffee House, einer mit Stalaktiten bedeckten künstlichen Grotte sowie einem Labyrinth ausgestattet, das dem im englischen Hampton Court Palace ähnelt. Der politisch erfolgreiche Baron – er war mehrfach Bürgermeister von Ragusa, außerdem Senator in Rom gewesen – war privat vom Pech verfolgt: Die Ehefrau und Tochter starben früh, sodass der Baron seine beiden Enkelinnen alleine aufziehen musste. Die eine heiratete nach Messina, wo sie bei dem großen Erdbeben von 1908 starb. Die andere riss mit einem französischen Adeligen aus und verbrachte ihr Leben weitgehend in Frankreich. Gelegentlich kam Clementina aber nach Donnafugata zurück, weshalb sich im Palast einige »französische« Zimmer bewundern lassen. Clementinas Enkel schließlich, Gaetano Testasecca, verkaufte das Schloss 1982 an die Kommune von Ragusa, die es der Öffentlichkeit zugänglich machte. Regelmäßig finden Führungen durch das Schloss statt.

Ländliches Essen:
Im urigen ehemaligen Wirtschaftsgebäude des Castello werden leckere ragusanische Spezialitäten aufgetischt. Unbedingt die hausgemachten Ravioli probieren!

Castello di Donnafugata · Contrada Donnafugata · 97100 Ragusa · Tel. 0932/61 93 33
www.comune.ragusa.gov.it/turismo/castello · **Trattoria Al Castello** · www.alcastellodonnafugata.com

59 Spaziergang durch das Handwerkerdorf Buscemi

Das alte bäuerliche Sizilien mit seinen Traditionen und Handwerken ist so gut wie verschwunden. In dem 1000-Seelen-Dorf Buscemi auf einer Hochebene der Hybläischen Berge lässt sich aber in einem außergewöhnlichen Museum nachvollziehen, wie die Menschen einst auf dem Land gelebt und gearbeitet haben.

Wie viele ehemalige Bauerndörfer leidet auch Buscemi unter Landflucht: Immer mehr junge Menschen wandern ab und suchen sich Arbeit in den Städten oder emigrieren ins Ausland. Da hatte der Historiker und Ethnologe Rosario Acquaviva im Jahr 1988 die Idee, leer stehende Häuser in ein »Dorf-Museum« umzuwandeln. Seither können Besucher in Begleitung von Mitarbeitern der Kommune erleben, wie die Menschen in Sizilien früher gelebt haben: Im nur 12 m² großen »Haus des Tagelöhners«, in dem noch bis in die 1960er-Jahre sechs Personen und deren Tiere lebten, kann man sich das harte Leben der Landwirtschaftsarbeiter vorstellen. Den Kontrast bildet das deutlich besser ausgestattete »Haus des Massaru«, eines wohlhabenden Gutsverwalters. In einer Art Höhle ist die ehemalige Werkstatt des Schmieds zu finden. Ein anderes Gebäude beherbergt ein »palménto«, eine noch auf die alten Griechen zurückgehende Weinpresse. Im Haus des Kesselflickers ist das Werkzeug eines der letzten Kesselflicker der Insel ausgestellt. Auch eine Schreinerei und eine Schusterwerkstatt mit dem jeweiligen Handwerkszeug gibt es zu bestaunen. Interessante Einblicke in eine untergegangene Welt verschaffen auch zahlreiche Fotos, die den Zyklus der Getreide- und Brotherstellung dokumentieren. Im Nachbarort Palazzolo Acreide schließlich ist eine aus dem 16. Jh. stammende und nach wie vor funktionierende Getreidemühle zu bewundern. Ein wirklich toller Spaziergang durch die Vergangenheit des sizilianischen Landlebens, der keineswegs versäumt werden sollte.

Hybläische Köstlichkeiten: In Rosario Russos Feinkostgeschäft (Corso Vittorio Emanuele 114/116) verführen köstliche Wurst- und Käsespezialitäten nach alten Rezepten zum Großeinkauf.

Luoghi del Lavoro Contadino · Corso Vittorio Emanuele 101 · 96010 Buscemi
Tel. 0931/87 85 28 · www.museobuscemi.org · Mo–Fr 8–13 Uhr, Sa 8–12 Uhr

Die Kunst des Kesselflickens ist heute ausgestorben, in Buscemi wird sie dokumentiert.

Unter dieser Altstadtkirche befindet sich eine mehrstöckige, spannende Unterwelt.

60

Helm auf, los geht's – San Filippo Apostolo

Unterirdischer Steinbruch, Luftschutzkeller im Zweiten Weltkrieg, barocke Unterkirche, kleines Tauchbad nur für Frauen – das alles zeigen engagierte junge Leute seit Kurzem im Sommer all denjenigen, die sich in die Unterwelt der Kirche San Filippo Apostolo in der Altstadt von Syrakus wagen.

Es ist nicht lange her, da war sie noch dauerhaft geschlossen. Erst wegen Einsturzgefahr, dann wegen Restaurierungen. Jetzt erstrahlt sie in neuem Glanz, die Barockkirche San Filippo Apostolo mitten auf der Ortigia. Doch viel spannender als das Gotteshaus selbst ist das, was darunterliegt. Seit Kurzem steigen junge, engagierte Führer mit neugierigen Besuchern, die mitten im geöffneten Hauptportal von einer Treppenöffnung angelockt werden, in die Unterwelt hinab. Zunächst ist da die beim Neubau der Bruderschaftskirche nach dem Erdbeben von 1693 errichtete Krypta, in der bedeutende Familien sowie die Bruderschaftsmitglieder von San Filippo beigesetzt wurden. Memento-Mori-Motive wohin man blickt. Weiter geht es zur griechischen Zisterne und zu Hohlräumen, die entstanden sind, als von der Antike bis in die frühe Neuzeit die Syrakusaner Baumaterial für die oberirdische Stadt unterirdisch abbauten. Beides diente in frühchristlicher Zeit als Grabstätte und im Zweiten Weltkrieg als Luftschutzkeller.

Am Ende folgt das Spannendste: Bis zur Vertreibung aller Juden aus Sizilien im Jahr 1492 stand hier wahrscheinlich die Synagoge von Syrakus. Zu ihr gehörte sicher ein kleines Bad, das nur von Frauen genutzt wurde, z. B. nach der Monatsblutung, vor der Hochzeit oder nach einer Geburt. Darüber befindet sich ein kleines Fenster. Ob hier die zukünftige Schwiegermutter überprüfte, ob die Braut ihre Riten korrekt vollzogen hat? Oder stand an dieser Stelle gar nicht das jüdische, sondern schon immer ein christliches Gotteshaus, und es handelt sich einfach nur um einen Süßwasserbrunnen? Ganz klar ist das bis heute nicht.

Viele Geschichten wissen die jungen Führer zu erzählen. Helm auf – und los geht's!

Chiesa di San Filippo Apostolo · Piazza San Filippo · 96100 Siracusa · Tel. 380/5 22 70 21
nur April–Nov 10–12.30 Uhr und 15–17 Uhr, So geschlossen · Spende (statt Eintritt)

61 Ritualbad unter dem Hotel – die jüdische Mikwe von Syrakus

In den 1990er-Jahren geschah es: Beim Umbau eines Palazzos zu einem schicken Altstadthotel fanden die Arbeiter in 18 Metern Tiefe ein perfekt erhaltenes jüdisches Tauchbad für rituelle Reinigungen. Es stammt aus dem 6. Jh. und ist das älteste und größte seiner Art in Europa.

Schon seit der römischen Eroberung hatte Syrakus eine beachtliche hebräische Gemeinde. Weitere Juden, die bei der Zerstörung Jerusalems im Jahr 70 n. Chr. als Sklaven verschleppt wurden, ließen die Gruppe auf circa 5000 Personen wachsen. Lange lebten sie fast unbehelligt. Erst die spanischen Eroberer stellten sie vor die Wahl: Taufe oder Tod. Als 1492 alle Juden aus dem Herrschaftsgebiet der spanischen Könige, also auch Sizilien, vertrieben wurden, hofften sie offenbar, eines Tages zurückzukehren. Denn sie versteckten den Eingang zur Mikwe sorgfältig hinter einer Mauer. So geriet sie in Vergessenheit, bis sie 500 Jahre später zufällig wiedergefunden wurde. Fünf LKW-Ladungen Schutt schafften die Entdecker aus dem Zugangskorridor. Das Bad selbst fanden sie bis zur Decke voll mit Süßwasser vor. Da für die Rituale fließendes Wasser vorgeschrieben ist, wird es von einer nahe gelegenen Quelle gespeist.

Keine Frage, dieser Ort muss der Öffentlichkeit zugänglich sein. Dafür sind die Hotelbetreiber zuständig. Stündlich begleiten sie die Besucher die Treppe hinunter in den spärlich beleuchteten Baderaum. Er ist gänzlich in den Tuffboden geschlagen, Pfeiler tragen das Gewölbe über den Wasserbecken. Die Stille, die nur vom Plätschern einzelner Wassertropfen durchbrochen wird, hinterlässt eine intensive Erinnerung.

Heute, ein halbes Jahrtausend nach der Vertreibung, gibt es wieder eine jüdische Gemeinde, und auch die älteste und größte Mikwe Europas ist wieder in Gebrauch: nicht nur zur Besichtigung für interessierte Besucher, sondern auch einige Konvertiten vollziehen hier ihren Eintritt in die jüdische Gemeinschaft durch vollständiges Untertauchen in klares, kühles und fließendes Wasser.

Residence Hotel alla Giudecca · Via Giovanni Battista Alagona 52 · 96100 Siracusa · Tel. 0931/2 22 55
www.allagiudeccircait/it/bagni-ebraici-miqwe.html · Führungen 9–18 Uhr zur vollen Stunde · 5 €

Im größten und ältesten jüdischen Tauchbad Europas herrschen
eine beeindruckende Kühle und Stille.

62 Antike Tragödien im Teatro Greco

Im größten griechischen Theater Siziliens, in dem einst Kulturgeschichte geschrieben wurde, werden heute wieder an diesem so authentischen Schauplatz klassische Stücke aufgeführt – für jeden Besucher ein unvergessliches Erlebnis.

Einst war Syrakus die bedeutendste Stadt Siziliens und, nach dem Niedergang Athens, die wichtigste griechische Stadt überhaupt und die Kulturhauptstadt der damaligen Welt. Sein antikes Theater zog die renommiertesten Tragödiendichter an, die hier ihre Werke uraufführten. Lange Zeit setzte es Maßstäbe in der Bühnenkunst. Es gehörte zusammen mit Athen und später Alexandria zum Dreigestirn der Theaterzentren des Griechentums. Mit der Uraufführung der »Perser« des Aischylos, des Erfinders der Tragödie, wurde der Bau 472 v. Chr. eingeweiht. Die Aufführung war Gesprächsthema in der gesamten griechischen Welt, denn es war das erste Stück überhaupt, das keinen mythologischen Stoff, sondern aktuelles politisches Geschehen zum Inhalt hatte. Nur wenig später erfand Epicharmos an dieser Stelle die Komödie. Später bauten die Römer das Theater für die Veranstaltungen ihrer Gladiatorenkämpfe um. Rund 16 000 Zuschauer fasste es einst.

Warum sollte man ein Theater, das so traditionsreich und so gut erhalten ist, nicht auch heute noch benutzen und mit der Neubelebung des klassischen Theaters wieder Maßstäbe setzen? Das dachte sich der Syrakusaner Aristokrat Mario Tommaso Gargallo, als er vor über 100 Jahren die Stiftung INDA (Istituto Nazionale del Dramma Antico) gründete. Mit dem »Agamemnon« des Aischylos begann am 16. April 1914 eine Erfolgsgeschichte, die bis auf kriegsbedingte Unterbrechungen bis heute besteht. Jedes Jahr im Mai und Juni werden klassische griechische Stücke in italienischer Sprache aufgeführt, jeden Abend vor vollem Haus! Im Jahr 2008 wurde im ganzen archäologischen Park ein modernes, computergesteuertes Beleuchtungssystem installiert. In der Atmosphäre einer lauen Sommernacht, bei Scheinwerferlicht, ist es auch dann, wenn man kein Italienisch versteht, ein ganz besonderes Erlebnis!

Area Archeologica della Neapolis · Via del Teatro Greco · Tel. 0931/6 62 06 oder 0931/48 72 48
www.indafondazione.org/it/biglietteria · 8.30–18 Uhr, Nov–März bis 17 Uhr · 10 € · 28 und 117 €

Bei den abendlichen Aufführungen herrscht eine ganz besondere Atmosphäre.
Chortänzerinnen während einer Aufführung des »Prometheus« des Aischylos

Die Nachbauten der Erfindungen des Archimedes stehen mitten in einem grünen Park.
Die 1:1 Modelle dürfen von den Besuchern alle unter Anleitung ausprobiert werden.

»Heureka!« – der Tecnoparco Archimede in Syrakus

63

Weltberühmt sind das antike Theater und das »Ohr des Dionysios« im archäologischen Park. Täglich besuchen sie Tausende Touristen. Aber wer weiß schon, dass sich ganz nah ein Park befindet, bei dem sowohl kulturhungrige Technikmuffel als auch kulturell uninteressierte Technikfreaks und Familien aufhorchen?

Hier, mitten im Grünen, steht weniger die historische Person des berühmtesten Sohnes der Stadt im Fokus, sondern vielmehr seine in 1:1-Modellen nachgebauten Erfindungen, wie sie zum Teil heute noch genutzt werden, z. B. die Archimedische Schraube. Ramona und ihre Kolleginnen erklären in einer einstündigen italienischsprachigen Führung die genialen Ideen des Archimedes, zeigen, wie die Maschinen funktionierten und regen zum Nachdenken an. Auf Englisch gibt es einen Audioguide, auf Deutsch ein Begleitheft. Der Besucher darf die Maschinen ausprobieren, Steine katapultieren, Wasser pumpen oder neun Pfeile gleichzeitig abschließen. Neuerdings gibt es auch eine höchst anschauliche 3-D-Animation.

Ja, Archimedes war ein Genie. Ob er wirklich nackt auf die Straße rannte und »Heureka, ich hab's!« schrie, als er in der Badewanne sitzend das Prinzip der Wasserverdrängung erkannte? Viele Legenden ranken sich um ihn. »Eines ist ganz sicher eine Legende«, erzählt Ramona, »nämlich dass Archimedes die römische Flotte mithilfe der Hohlspiegel, die auf der Burg Euryalos standen, in Brand steckte.« Es sind zwar Zeichnungen und theoretische Schriften des Archimedes dazu überliefert, es gab aber im 3. Jahrhundert vor Christus keine Materialien, um so exakte Spiegel herstellen zu können. Als aber im Mittelalter die Aufzeichnungen des Archimedes wieder auftauchten, glaubte man, er habe seine Theorien auch in die Praxis umsetzen können. Auch der Satz »Noli turbare circolos meos!«, »Störe meine Kreise nicht!«, den er vor seinem Haus sitzend zu dem römischen Soldaten gesagt haben soll, bevor dieser ihn tötete, gehört ins Reich der Legenden. Tatsache ist, dass am Ende selbst der geniale Archimedes nicht verhindern konnte, dass Syrakus in die Hand der Römer fiel.

Tecnoparco Archimede · Viale G. Agnello 26 · 96100 Siracusa · www.tecnoparco-archimede.com
März–Okt 9.30–18.30 Uhr; Nov–Feb Mo–Fr 9.30–14 Uhr, Sa/So 9.30–17 Uhr · 6 €

64 Auf der »Selene« über den Großhafen tuckern

Der Großhafen von Syrakus wirkt wie ein großer See – umgeben vom Inselchen Ortygia, Orangenplantagen und der Maddalena-Halbinsel. Beim alten Stadttor Porta Marina (15. Jh.) fährt das hübsch altmodisch wirkende Motorboot »Selene« seit 1984 zur etwa einstündigen Hafenrundfahrt ab. Das Schiff tuckert einmal quer durch den gesamten Hafen, bevor es hinaus aufs offene Meer und vorbei am imposanten Stauferkastell Maniakes (13. Jh.) wieder zurück in den Hafen und an der zauberhaften Uferpromenade von Ortygia vorbei zum Ausgangspunkt geht. Am besten einen Platz ganz oben auf dem Deck ergattern, ein Picknick mitnehmen – und genießen!

Compagnia del Selene · Abfahrt am Foro Vittorio Emanuele 2 · 96100 Siracusa · Tel. 347/1 27 56 80
www.compagniadelselene.it · Mo–So 9.30–18 Uhr (Mitte März bis Anfang Nov)

65 Wandern am bezaubernden Papyrus-Flüsschen

Mit knapp acht Kilometern ist das Kyane-Flüsschen nicht besonders lang. Seine kreisrunde Quelle mit ihrem kristallklaren Wasser, umwachsen von Stauden des ägyptischen Papyrus (*Cyperus papyrus*), ist ein wahrhaft mythischer Ort. Nachvollziehbar, dass die alten Griechen und Römer – wie Ovid in den *Metamorphosen* berichtet – an Plätzen wie diesem der Nymphe Kyane Opfergaben darbrachten. Von der mitten in Orangenplantagen gelegenen Quelle führt ein manchmal recht zugewachsener Weg zur Mündung des Flüsschens in den syrakusanischen Großhafen. Besonders idyllisch ist der Fluss nahe der Quelle – dort wuchert der Papyrus nahezu urwaldartig.

Riserva Naturale del fiume Ciane · Traversa Testa Pisima · 96100 Siracusa
Die Quelle wird von Syrakus über die SP 14 Richtung Canicattini und dann über die SR 3 erreicht.

An der Uferpromenade wartet die »Selene« auf Gäste.
Einfach zauberhaft, die Kyane-Quelle mit den Papyrusstauden

Nach Sonnenuntergang strahlen die beleuchteten Tempel eine ganz besondere Magie aus.

Magischer Abendspaziergang im Tal der Tempel

66

Im Hochsommer wird es auf Sizilien richtig heiß, Abkühlung gibt es erst nach Sonnenuntergang. Doch dann sind die meisten Ausgrabungsstätten geschlossen. Nicht aber das »Tal der Tempel«. Romantiker kommen angesichts der in magisches Licht getauchten Göttertempel voll auf ihre Kosten.

Von Mitte Juli bis Mitte September, wenn der Besuch selbst der schönsten Tempelruinen eine schweißtreibende Quälerei ist, bleiben auch nach 19 Uhr die Tore offen. Bis 23 Uhr, am Wochenende bis Mitternacht, können Besucher ein ganz besonderes Erlebnis genießen. Nachts, wenn die Tempel beleuchtet sind, erscheinen sie noch majestätischer. Da das Tal der Tempel in Wahrheit gar kein Tal, sondern ein Hügelkamm ist, weht um diese Zeit oft ein leichtes Lüftchen. Am eindrucksvollsten ist es, den Besuch bei Tageslicht zu beginnen, wenn die Tempel noch in das warme Licht der abendlichen Sonne getaucht sind. Ein wundervoller Ort, den Sonnengang über dem gesamten »Tal« zu beobachten, ist der Tempel der Juno, der nicht nur am höchsten, sondern auch am östlichsten Punkt des Areals steht. Schon im 5. Jh. v. Chr., als er gebaut wurde, zog er Brautpaare an, und das hat sich bis heute nicht geändert.

Nach Sonnenuntergang geht es weiter, immer leicht bergab, entlang der einstigen Stadtmauer, vorbei am Tempel der Concordia, der sich mit dem Poseidontempel von Paestum darum streitet, der besterhaltene griechische Tempel zu sein. Er ist so gut konserviert, weil er im Mittelalter zu einer Kirche umgebaut wurde; die bogenförmigen Einschnitte in der Cellawand zeugen noch heute davon. So mancher Besucher beginnt zu philosophieren: »Wie klein ist der Mensch angesichts der Schöpfung«, oder »Was ist Ewigkeit?« Schließlich führt der Weg weiter vorbei an den Säulen des Hercules-Heiligtums bis hin zu der Stelle, an der einst das gigantische Zeus-Heiligtum, gebaut von karthagischen Kriegsgefangenen und Sklaven und später aus Rache von diesen demonstrativ zerstört, gestanden hat. Das wechselnde Licht begleitet den Besucher. Wahrlich ein Gänsehautmoment.

Valle dei Templi · Viale dei Templi · 92100 Agrigento · Tel. 0922/62 16 57 · tägl. 8.30–20 Uhr; Abendöffnung: Juli bis September Mo–Fr bis 23 Uhr, Sa/So bis 24 Uhr · 10 €, mit Museum 13,50 €

67

Scala dei Turchi – weiße Felsen wie in Dover

Wie eine strahlend weiße XXL-Treppe sieht sie aus, die »Türkentreppe«, die circa vier Kilometer westlich von Porto Empedocle vom Ort Realmonte aus ins türkisblaue Meer führt. Sind hier wirklich sarazenische Seeräuber, im Volksmund »Türken« genannt«, an Land gegangen, um die Sizilianer zu überfallen?

Tatsächlich hat der bizarre Felsen, der schon von Weitem an Dover oder an die Kalksinterterrassen im türkischen Pamukkale denken lässt, mit den Sarazenen nichts zu tun. Es ist vielmehr ein circa 50 Meter hoher Kalkfelsen, dessen horizontale Schichten durch Erosion eine so bizarre Form angenommenen haben, dass sie an eine gigantische, ins Meer ragende Treppe erinnern. Schon allein die schneeweiße Farbe sticht heraus vor dem blauen Himmel und dem türkisblauen Wasser. Links und rechts davon erstrecken sich herrliche Sandstrände, weshalb hier im Sommer reger Trubel herrscht und Parkplätze knapp, eng und teuer sind. Auch die Stufen, die im Gegensatz zu den Kalksinterterrassen von Pamukkale nicht aus Umweltschutzgründen gesperrt, sondern frei zugänglich sind, eignen sich perfekt für ein Sonnenbad. Um im Sommer überhaupt etwas von der Kulisse genießen zu können, empfehlen Einheimische, die Scala möglichst früh am Morgen zu besuchen und sie spätestens gegen Mittag wieder zu verlassen.

Vielleicht kennen Sie die Türkentreppe ja schon? Modefotografen nutzen sie gerne als spektakuläre Naturkulisse für ihre Aufnahmen. Auch der ganz in der Nähe geborene und kürzlich verstorbene Krimiautor Andrea Camilleri erwähnt sie immer wieder in seinen spannenden Romanen rund um den Comissario Montalbano.

Doch wie kommt man hin? Mit dem Auto fährt man über die Küstenstraße SP68 bis zum Lido Majata, von dort geht es zu Fuß weiter, immer am Sandstrand entlang. Oder auf der SS115 Trapani-Siracusa bis nach Realmonte und weiter auf einer Stichstraße zum Meer. Aber auch aus der Ferne, zum Beispiel vom Belvedere »Montalbano« an der Straße, die von Realmonte zur Scala dei Turchi führt, kann man sie zu allen Jahreszeiten bewundern.

Scala dei Turchi, 92010 Realmonte

Über diese natürliche Treppe sollen der Legende nach die Sarazenen an Land gegangen sein.

Filippos wunderliche Steinköpfe

Castello Incantato – das Zauberschloss des »verrückten« Filippo

68

Die Tausende wunderlicher Steinköpfe von Filippo Bentivegna sind nicht sicher jedermanns Sache. In ihrer Art dürften die Skulpturen des sizilianischen Art-Brut-Künstlers, der sich in seiner fantastischen Welt einen »Hofstaat« geschaffen und mit Voscenza (Ihre Exzellenz) anreden ließ, einmalig sein.

Filippo Bentivegna (1888–1967) war ein Fischersohn aus der Hafenstadt Sciacca. Die Armut zwang ihn, 1913 seinen Geschwistern zu folgen, die wie viele andere Sizilianer Ende des 19. Jh. in die USA ausgewandert waren. Ein bisschen »komisch« war Filippu wohl immer schon gewesen, in der Fremde wurde es aber dann so richtig schlimm: Bei einer Streiterei erlitt er eine schwere Kopfverletzung und war seitdem psychisch gestört. Mit der Begründung, dass etwas mit Filippu nicht »stimme«, schickten ihn die amerikanischen Behörden 1919 wieder in seine Heimat zurück. Dort geriet er als angeblicher Deserteur in Haft, bis ihm ein Arzt attestierte, dass er psychisch krank, aber harmlos sei. Filippu erwarb nun am Hang des etwas außerhalb von Sciacca gelegenen Monte San Calogero ein Stückchen Land, wo er sich ein »Königreich« bestehend aus skurrilen Köpfen schuf, die er aus Kalkstein herausarbeitete oder in Ölbaumstämme schnitt. Sie waren die einzigen »Freunde« des gesellschaftlichen Außenseiters. Entdeckt wurde der Künstler, den seine Mitbewohner als »verrückten Filippo« verspotteten, in den 1950er-Jahren von dem schwedischen Maler Gösta Liljeström, der sich in der damals berühmten Kurstadt Sciacca erholte. Erst nach seinem Tod begann sich der französische Art-Brut-Theoretiker Jean Dubuffet für die archaischen Arbeiten von Bentivegna zu interessieren, die bereits dabei waren, von Unkraut überwuchert zu werden. Dubuffet, der sich für die stärkere Wertschätzung antiintellektueller Kunstwerke einsetzte, war von Filippus Köpfen angetan, und so finden sich einige davon nicht nur im »Verzauberten Schloss« von Sciacca, sondern auch in der Collection de l'Art Brut in Lausanne.

Castello Incantato · Via Filippo Bentivegna 16 · 92019 Sciacca · Tel. 339/2 34 01 74
Nov–März Mo–So 9–13 Uhr, 15–18 Uhr; April bis Okt bis 20 Uhr; Juli, Aug durchgehend offen

Der Herbst ist Olivenerntezeit und in den Ölmühlen herrscht Hochbetrieb.

69

Nocellara-Oliven – köstliches grünes Gold

Es ist dunkelgrün mit goldenen Einsprengseln, duftet unwiderstehlich – und wer es einmal probiert hat, ist ihm für immer verfallen: dem Nocellara-Olivenöl. Vielleicht war es genau diese Ölbaumsorte, welche die Göttin Athena den Athenern zum Geschenk machte, was ihr die Herrschaft über Attika eintrug.

Italien ist nach Spanien mit jährlich fast 300 000 Tonnen weltweit der zweitgrößte Produzent von Oliven und Olivenöl, wobei fast 10 Prozent der nationalen Produktion auf Sizilien entfallen. Nicht jedes Olivenöl ist gut, immer wieder gerät es wegen Panschereien in Verruf. Aber auch zwischen guten Sorten sind die Unterschiede beträchtlich. Die Qualität eines Öls hängt nicht nur von der Olivensorte ab – in Italien gibt es über dreihundert verschiedene Ölbaumarten –, sondern auch von der Pflückmethode und der Verarbeitung. Aufgrund der recht »weichen« europäischen Olivenöl-Verordnung garantiert das Etikett »Natives Olivenöl Extra«, also die theoretisch höchste Qualitätsstufe, noch lange kein gutes Öl, wie zahlreiche Untersuchungen belegen. Aus diesem Grund forderten qualitätsbewusste italienische Öl-Bauern viele Jahre, dass auf den Etiketten weitere Informationen aufgedruckt werden sollten. Und sie hatten mit dem roten Qualitätssiegel DOP (Denominazione di origine protetta) Erfolg!

Auf Sizilien gibt es heute sechs Anbaugebiete, in denen solche DOP-Öle hergestellt werden. Mit den Sorten Olio d'oliva Valle del Belice, Olio d'oliva Val di Mazara und Olio d'oliva Valli Trapanesi befindet sich die Hälfte der ausgezeichneten Öle im Westen der Insel, dem wichtigsten Olivenanbaugebiet Siziliens. Und nur dort gedeihen Nocellara del Belice-Bäume, eine autochthone Baumart, die vermutlich in der Antike von den Griechen eingeführt worden war. Die haselnussförmigen Früchte dieses Baums schmecken köstlich, weshalb nicht nur das Öl, sondern auch die Nocellara-Speiseoliven mit dem DOP-Siegel ausgezeichnet wurden. Und selbstverständlich müssen alle drei westsizilianischen DOP-Öle einen gewissen Anteil von »Nocellara del Belice« enthalten.

Ravida Azienda Agricola · 92013 Menfi · Tel. 335/6 92 24 73 (Patrizia Ravida) · www.ravidaoil.com
Degustation nach Voranmeldung

Noch heute liegt der Steinbruch genauso da, wie er vor zweieinhalb Jahrtausenden fluchtartig verlassen wurde.

70

Cave di Cusa – wie die Griechen Stein abbauten

Es geschah im Jahr 409 v. Chr. Plötzlich erreichte eine höchst bedrohliche Nachricht den Steinbruch: Eine riesige Karthagerflotte mit Kurs auf das nahe Selinunt war gesichtet worden. Krieg! Die Arbeiter legten ihr Werkzeug hin und flohen. Ob sie jemals zurückkehren und ihre Arbeit beenden würden?

Am Ende war Selinunt zerstört und die Bewohner hingerichtet, vertrieben oder versklavt. Der riesige Tempel, für den das Material bestimmt war, blieb unvollendet. Nie wieder haben Griechen hier Stein gebrochen. Halb behauene Blöcke sind noch mit dem Muttergestein verbunden, andere, in den unterschiedlichsten Fertigungsstufen, liegen verstreut herum und warten noch immer auf ihre Auslieferung. Gras ist inzwischen buchstäblich darüber gewachsen, Olivenbäume, Kapern und Oleander auch.

Die Arbeitsvorgänge lassen sich noch heute nachvollziehen: Um die spätere Säulentrommel herum schlugen die Arbeiter zwei circa 40 cm tiefe parallele Rillen in den Stein, danach trugen sie das Material dazwischen ab und wiederholten das Ganze nach unten. Wenn die gesamte Trommel frei stand, lösten sie sie mit einer Bandsäge vom Boden. Kalkstein lässt sich mit Wasser- und Sandzufuhr leicht sägen. Entsprechende Kanäle sind im Fels noch zu erkennen. Wer genau hinschaut, bemerkt, dass jeder Kreis in einem Quadrat eingebettet steht. Hier standen vielleicht Maschinen. Oder trieben die Arbeiter am Boden der Trommeln Holzkeile in den Stein und übergossen diese mit Wasser, sodass sie aufquollen und den Stein sprengten?

Die Blöcke mit rundem Durchschnitt konnte man über die leicht abschüssig verlaufende Straße zur 11 Kilometer entfernt liegenden Baustelle rollen, eckige mussten auf Holzgestellen mit Rädern transportiert werden. Eine Säulentrommel wiegt immerhin bis zu 100 Tonnen. Der Kran, basierend auf dem Flaschenzug, konnte nur Gewichte bis zu 6 Tonnen heben. Für so große Lasten brauchte man Rampen.

Still und verlassen liegt der Steinbruch heute da. Nur wenige Besucher kommen hierher.

Cave di Cusa · SP Tre Fontane · 91021 Campobello di Mazara · Tel. 0924/4 62 77 · Okt–März 9–16 Uhr, April–Sept bis 17.30 Uhr · Kombi-Ticket mit Selinunt 6 €

71

Der Tanzende Satyr – endlich gab das Meer ihn frei

Erst vor wenigen Jahren entdeckten Fischer im Meer eine der großartigsten und anmutigsten Bronzestatuen der Antike. Seit 2005 ist sie in einem eigenen Minimuseum in der arabisch anmutenden ehemaligen Kirche Sant'Egidio in Mazara del Vallo, der »afrikanischsten« Stadt Siziliens, zu bewundern.

Ein Einführungsfilm zeigt, wie im März 1998 dem Fischer »Capitano Ciccio« aus Mazara ein ganz besonderer Fang ins Netz ging. Bereits im Vorjahr hatte er das linke Bein zufällig aus dem Wasser gezogen. Die anschließend in Rom restaurierte Statue stellt heute für die westsizilianische Stadt eine neue Attraktion dar und gibt den Einwohnern, die kaum noch vom Fischfang allein existieren können, eine neue Lebensgrundlage.

Alles spricht dafür, dass es sich bei dem Satyr um das bereits in der Antike hochgerühmte originale Meisterwerk des griechischen Bildhauers Praxiteles (390-320 v.Chr.) handelt. Gefertigt wurde die Skulptur mittels des hochkomplizierten Wachsausschmelzungsverfahrens. Die Römer, die einen Faible für griechische Kultur hatten, schafften ihn in ihre Hauptstadt, wo er öffentlich oder im Privathaus eines reichen Kunstliebhabers aufgestellt war, bis die Vandalen 455 n. Chr. Rom plünderten. Zahlreiche Kunstwerke verschifften sie nach Afrika, doch nicht alle Schiffe kamen an. Eines muss zwischen Sizilien und Tunesien gesunken sein. Dort überlebte die Figur eineinhalb Jahrtausende in 500 Metern Tiefe. Dass Arme, ein Bein, das Schwänzchen und das Trinkgefäß fehlen, tut der Anmut keinen Abbruch. Dafür sind die aus Knochen eingelegten Augen erhalten, die das Gesicht so lebendig wirken lassen. Iris und Pupillen waren in einem weiteren Material eingefügt. Auch der Körper bekam die grüne Patina erst später. Einst war er bronzefarben, wie von der Sonne gebräunt. Einem »lebendigen« Satyr verblüffend ähnlich. Wer ist bei diesem Anblick nicht berührt?

Die einst so bedeutende Araberstadt Mazara hat eine richtige Kasbah, reich dekoriert mit Keramik in den gewundenen Gassen. Tunesischen Tee gibt's auch.
Circolo Recreativo Tunisino
Via Porta Palermo 7
91026 Mazara del Vallo
Tel. 347/4827652

Museo del Satiro · Piazza Plebiscito · 91026 Mazara del Vallo · Tel. 0923/933917
www.regione.sicilia.it/bbccaa/museopepoli/MuseodelSatiro.html · tägl. 9–19.15 Uhr · 6 €

Anmut und lebendiger Ausdruck in Perfektion: die Bronzestatue des Tanzenden Satyr

In den Eichenfässern der Kellerei Pellegrino lagern die köstlichsten Marsalaweine.

Pellegrino – Marsala-Wein in allen Variationen

72

Die Auswahl an trockenen, halbtrockenen und süßen Marsala-Weinen ist in der Traditionsweinkellerei Pellegrino schier unglaublich. Wer denkt, Marsala ist doch nur ein süßer Kochwein, wird hier eines Besseren belehrt. Kein Wunder, dass sich viele Priester aus der ganzen Welt hier ihren Messwein bestellen.

Der Liverpooler Düngemittelhändler John Woodhouse war nach Mazara del Vallo unterwegs, als ein Sturm sein Schiff plötzlich zwang, in der damals recht armen Hafenstadt Marsala anzulanden. Dort kostete er mit dem »vino perpetuo«, also dem immerwährenden Wein, den typischen Bauernwein der Gegend. Gemäß der lokalen Tradition ließ sich jeder Bauer bei der Geburt eines Sohnes ein Eichenfass anfertigen, von dem das Jahr über abgezapft und das im Folgejahr neu mit Traubenmost aufgefüllt wurde. Auf diese Weise kam ein starker, an Sherry bzw. Madeira erinnernder Verschnitt-Wein zustande. Woodhouse war von dem Getränk höchst angetan, kaufte sogleich bei den Bauern 50 Fässer auf, um sie in seine Heimat mitzunehmen. Da er befürchtete, der Wein könne während des Transports schlecht werden, »verstärkte« er ihn mit Weinbrand, womit der Marsala-Wein geboren war. Da der neue Wein sofort reißenden Absatz fand, kehrte Woodhouse nach Marsala zurück und begann in großem Stil mit der Weinherstellung. Sein Erfolg lockte andere Engländer an, wie Benjamin Ingham und dessen Neffen Whitaker, die Corletts, Paynes oder die Hopps, womit die englische Schicht der marsalesischen Weinbarone geboren war.

Bald stiegen auch Einheimische in das Marsala-Geschäft ein, so 1880 der Notar Carlo Pellegrino, der schon immer ein Faible für den Weinanbau gehabt hatte. Fachkundig unterstützt wurde er dabei von seiner aus einer Winzerfamilie stammenden französischen Ehefrau Josephine. Heute zählt die Kellerei Pellegrino, seit Generationen von derselben Familie betrieben, zu den größten Spezialkellereien überhaupt. Ein Besuch ihres riesigen historischen Weinkellers mit seinen großen Eichenfässern und zahlreichen Barriques stellt in jeder Hinsicht ein Fest für die Sinne dar.

Cantine Pellegrino · Via Battaglia delle Egadi 10 · 9105 Marsala · Tel. 0923/71 99 70
www.carlopellegrino.it · Führung in deutscher Sprache nach Voranmeldung

73 Idyllische Salzgärten

Zu den malerischsten Flecken Siziliens zählt die Via del Sale. Dort lässt sich in der Infersa-Mühle aus dem 16. Jh. alles Wissenswerte über die Salzgewinnung erfahren, der Mahlmechanismus studieren, durch die Salinen wandern, ein Bad im Salzbecken nehmen und von der Spitze der Mühle das Panorama bewundern.

An der gut 25 km langen Salzstraße zwischen Marsala und Trapani gibt es die richtigen Bedingungen für die Produktion von Meersalz: flache Ufer, viel Wind und Sonne, wenig Regen und ein besonders salzhaltiges Meerwasser. Und so wird hier seit der Zeit der alten Phönizier und Römer das »weiße Gold« gewonnen, ohne das früher Lebensmittel wie Fisch und Fleisch nicht hätten haltbar gemacht werden können. Die heutigen Salzgärten gehen weitgehend auf das 15. Jh. zurück, als sich die Salinen in den Händen einiger weniger wohlhabender Adeliger befanden. Es wird von »Salzgärten« gesprochen, da es sich um ein miteinander verbundenes Beckensystem handelt: Im Lauf des Frühjahrs und Sommers wird das Meerwasser von den durch Mauern vom offenen Meer getrennten tiefen Kaltwasserbecken über weitere, weniger tiefe Becken zu den am Ufer liegenden flachen Erntebecken geleitet, wobei der Salzgehalt von Becken zu Becken steigt. Im Sommer bildet sich dann in den Erntebecken allmählich eine Salzkruste, welche die »salinai«, die Salzarbeiter, aufbrechen und zu kleinen Häufchen formen, bevor das Salz weiterverarbeitet wird. Früher geschah das in nach holländischem Vorbild erbauten Salzmühlen, von denen einige noch erhalten sind. Die Salzmühlen dienten aber nicht nur zum Mahlen des groben Meersalzes, sondern auch zum Hochpumpen des Wassers mittels »Archimedischer Schrauben«, von denen einige noch heute im Einsatz sind. Am schönsten ist die Salzstraße an der Lagune Stagnone sowie in Nubia, einem Ortsteil des Städtchens Paceco.

Fahrt durch die Lagune: Einfach herrlich ist die gemütliche Bootsfahrt durch die Lagune Lo Stagnone mit den drei Inselchen Mozia, Santa Maria und Schola sowie den Salzfeldern im Hintergrund.
Arini e Pugliese · Imbarcadero Storico · Contrada Spagnola 91025 Marsala · Tel. 347/3 43 03 29 oder 347/7 79 02 18
www.ariniepugliese.com
nach Voranmeldung

Saline Ettore e Infersa · Contrada Ettore e Infersa 158 · 91025 Marsala
Tel. 0923/73 30 03 oder 342/9 60 79 15 · www.salinedellalaguna.it

In der Culcasi-Mühle von Nubia befindet sich heute ein Restaurant.

74 Doping mit Cannabis schon in der Antike

Es war eine Sensation, als die britische Unterwasserarchäologin Honor Frost 1971 in den Gewässern nahe der Isola Grande bei Marsala die Reste eines punischen Kriegsschiffes barg – samt der Ladung, darunter Cannabisblätter zur Stärkung der Ruderer. Im archäologischen Museum von Marsala lässt es sich bewundern.

Über Jahrhunderte beherrschten die phönizischen Karthager den Handel im Mittelmeer. Im 3./2. Jh. v. Chr. kam es in den Punischen Kriegen zum Konflikt der Karthager mit der erstarkten Stadt Rom, die sich damals daranmachte, ein Imperium aufzubauen. Der Erste Punische Krieg (264–241 v. Chr.), der im von den Karthagern kontrollierten Westteil Siziliens stattfand, endete mit dem Sieg der Römer am 10. März 241 v. Chr. durch die berühmte Seeschlacht vor den Ägadischen Inseln.

Und genau bei dieser Schlacht scheint das punische Kriegsschiff gesunken zu sein! Von diesem Schiff sind noch zehn Meter der Backbordseite und drei Meter vom Heck vorhanden, womit es das bislang am besten erhaltene Wrack dieser Art ist.

Ursprünglich war es wohl 35 Meter lang und knapp fünf Meter breit, mit einer Tonnage von 120 Tonnen sehr schlank und damit überaus wendig. Am Bug hatte es unterhalb der Wasserlinie einen Rammsporn aus Bronze, mit dem man die Flanken der gegnerischen Schiffe aufreißen konnte. Auf beiden Seiten verfügte es über 17 Riemenstangen, die von je zwei Personen betrieben wurden. Diese extrem harte Arbeit wurde in der Regel von Freien und nicht von Sklaven ausgeführt. Um durchzuhalten, stärkten sich die Ruderer mit getrockneten Blättern der Hanfpflanze (*Cannabis sativa*). Dies half ihnen nicht nur die schwer beanspruchten Muskeln zu entspannen, sondern auch bei unruhiger See Übelkeit zu unterdrücken und ruhig zu bleiben. Einige Cannabisblätter sind, zusammen mit Töpferwaren, zahlreichen Ballaststeinen und Seilresten, in den Vitrinen des Museums zu bestaunen. Da Marsala einst die wichtigste karthagische und später römische Seefestung Westsiziliens war, gibt es im Museum noch viele weitere Exponate zu bestaunen.

Museo Archeologico Baglio Anselmi · Lungomare Boeo 30 · 91025 Marsala · Tel. 0923/95 25 35
April–Okt Di–Sa 9–19 Uhr, So 9–13 Uhr, Nov–März Di–Sa 9–19 Uhr, So 9–13 Uhr

Das berühmte »Punische Schiff« ist die Hauptattraktion im Museum von Marsala.
Cannabis, heute in vielen Läden in Italien legal erhältlich.

Die mit Zement ausgegossenen Straßen von Gibellina antica.

75

Land Art – Dorfstraßen in weißem Zement

Am 15. Januar 1968 wütete das letzte große Erdbeben auf Sizilien. 70 000 Menschen verloren ihr Zuhause, circa 300 sogar ihr Leben. Am schlimmsten traf es das mittelalterliche Städtchen Gibellina, das nun Gibellina Vecchia genannt wird. Denn die alte Stadt wurde nie mehr aufgebaut, sondern zum Kunstwerk.

Stattdessen wurde für die Überlebenden neun Kilometer entfernt die Stadt Gibellina Nuova gegründet. Zahlreiche bekannte Künstler folgten dem Aufruf des Bürgermeisters und schufen ehrenamtlich Werke für die neue Stadt, die seitdem als die Stadt mit der weltweit größten Dichte an zeitgenössischen Kunstwerken im öffentlichen Raum gilt. Dennoch wurde der moderne Ort nie richtig angenommen, viele Häuser blieben unfertig oder stehen leer – und verkommen.

Und das alte Gibellina? Kunst auch hier: Mit circa 80 000 Quadratmetern ist der weltweit größte Land-Art-Park »Cretto di Burri« entstanden. Der umbrische Bildhauer Alberto Burri (1915–1995) goss 1984 bis 1989 die Häuser und die engen, steilen Gassen des zerstörten Ortes circa 1,60 Meter hoch mit Zement auf. Unter dem Beton liegt noch heute alles begraben, was das Beben verschüttete. Im Theater in der Nähe des Cretto finden im Sommer Festspiele statt.

Lange blieb der Cretto unvollendet liegen. Abgeschlossen wurde er erst 2015, anlässlich Burris 100. Geburtstags, initiiert durch das New Yorker Guggenheim Museum. Aus der Ferne schimmert er weiß, wie eine Fata Morgana. Gelegentlich hört man das Bimmeln der Glocken von Schafherden, während ringsherum Wiesen, Weinberge und Kornfelder ruhig daliegen. Ein Ort der Stille. Beeindruckend und bedrückend zugleich. Wer sich hinsetzt und spricht, hört sein eigenes Echo, und die gruselige Betonlandschaft wirkt noch gespenstischer. Burris Idee war, die Erinnerungen der Menschen an ihre Stadt »einzufrieren« und so ein Mahnmal des Todes zu schaffen. Noch heute stellen die Bewohner an Allerheiligen für ihre beim Beben verschütteten Liebsten Lichter im Labyrinth des Cretto auf.

Strada Provinciale Gibellina Salparula
91024 Gibellina

76 Geisterstädte im Belice-Tal

Wer durch die Ruinen des alten Poggioreale schlendert, hat den Eindruck einer von Krieg zerstörten Stadt: von Unkraut überwucherte Häuserruinen, innen noch mit Resten von Putz, Kacheln und Mobiliar. Das gerne als Filmset genutzte Städtchen fiel aber keineswegs Bomben zum Opfer, sondern dem letzten großen Erdbeben auf Sizilien.

Aufgrund seiner besonderen geologischen Situation wird Sizilien immer wieder von Erdbeben heimgesucht: Ein Teil der Insel befindet sich auf der Afrikanischen und der andere auf der Eurasischen Erdplatte. Die Afrikanische Platte schiebt sich seit Jahrmillionen unter die Eurasische, wobei die Kollisionslinie mitten durch Sizilien verläuft – von Catania im Osten quer über die Insel bis nach Licata im Westen. Und immer wenn die Platten aneinandergeraten, bebt die Erde. Bei dem bislang schlimmsten Erdbeben, dem von 1693, wurden praktisch alle Städte Ostsiziliens dem Erdboden gleichgemacht und über 60 000 Menschen verloren ihr Leben.

»Filmreifes« Wachsfigurenkabinett: Der Palazzo Filangeri dokumentiert – unter anderem mit Wachsfiguren – die Geschichte des von Luchino Visconti verfilmten Romans *Il Gattopardo* von Tomasi di Lampedusa.
Palazzo Filangeri di Cutò
Piazza Giacomo Matteotti
92018 Santa Margherita di Belice
Tel. 333/9 54 49 79
www.ilparcogattopardo.it

Das letzte schwere Erdbeben ereignete sich vom 14. auf den 15. Januar 1968 im Belice-Tal. Insgesamt 16 schwere Erdstöße zerstörten die Städte Gibellina, Poggioreale, Salaparuta und Montevago vollständig. Andere Städte wie Santa Margherita di Belice, Santa Ninfa, Partanna oder Salemi wurden schwer beschädigt. Jahrzehnte hat es gedauert, bis die Schäden repariert und die betroffenen Städte wiederaufgebaut worden waren, nicht zuletzt wegen einer unfähigen Bürokratie und weil die Hilfsgelder in den falschen Kanälen verschwunden waren. Von Poggioreale war absolut nichts mehr zu retten, weshalb einige Kilometer entfernt ein völlig neues Dorf entstand. Von der alten Stadt sind nur mehr Ruinen geblieben – eine gespenstische Geisterstadt.

Associazione Poggioreale Antica · Via Arciprete Corte 3 · 91020 Poggioreale · Tel. 339/4 76 31 95
www.poggiorealeantia.wordpress.com · Besichtigung nach Voranmeldung

Die Ruinen des alten Bauerndorfes Poggioreale

77

Baden im Mondschein – die Thermen von Segesta

Mitten in der Natur befinden sich bei der archäologischen Ausgrabung Segesta zwei bis Mitternacht geöffnete Thermalbäder. Ganz ehrlich: Es riecht etwas nach faulen Eiern. Aber hat man sich einmal an den Schwefelgeruch gewöhnt, ist es herrlich entspannend, im heißen Schwefelwasser zu relaxen.

Die Gegend zwischen Alcamo und Castellammare del Golfo ist geologisch hochinteressant: Aufgrund einiger tektonischer Bruchstellen im wasserdurchlässigen Gestein tritt an mehreren Stellen mineralienhaltiges heißes Wasser aus dem Erdinneren hervor, und zwar in Form des Flusses Caldo sowie von mehreren Tümpeln. Nachvollziehbar, dass sich diverse Mythen um diese besonderen Naturerscheinungen ranken: So berichtete Diodor Siculus, Nymphen hätten die heißen Wasser entspringen lassen, damit sich Herakles ein wenig zwischen dem Vollbringen seiner schwierigen Taten habe entspannen können. Nach einer anderen Geschichte ist der Fluss Caldo eine Verkörperung des Flussgottes Krimisos. In jedem Fall wurden die wohltuenden heißen Wasser bereits in der Antike genutzt, wie bei Diodur Siculus, Strabon und Plinius dem Älteren nachzulesen ist. Auch der arabische Geograf Al-Idrisi berichtet in seiner *Tabula Rogeriana* von den heißen Quellen. Das Wasser, das mit einer Temperatur von zwischen 45–50 Grad Celsius an die Erdoberfläche gelangt, enthält verschiedene Mineralstoffe, vor allem aber Schwefel. Diese verschaffen Betroffenen von Hautkrankheiten wie Psoriasis und Neurodermitis oder aber auch Rheuma und Arthritis Linderung.

Zwei kleine Thermalanlagen, ausgestattet mit Schwimmbecken, Umkleideräumen und Bar, bieten Besuchern nicht nur die Möglichkeit, im heißen Wasser zu entspannen, sondern offerieren tagsüber auch Schlammpackungen und andere therapeutische Anwendungen. Ungefähr zehn Minuten von den Terme di Segesta entfernt (kleine Teerstraße links vom Haupteingang nehmen) finden sich neben einem zu überquerenden Flüsschen vier zauberhafte, immer zugängliche Schwefeltümpel in freier Natur – sicher die idyllischste Stelle für ein heißes Bad. Badeschuhe mitnehmen.

Terme libere di Polle di Crimisio · 91014 Castellammare del Golfo · **Terme Gorga** · www.hotel-terme-gorga.alcamo.hotels-sicily.net · **Terme Segestane** · www.termesegestane.com

»Die schon von den alten Römer genutzten Natursaunen gehören heute zu den Terme Segestane.
Geheimtipp: Die frei zugänglichen Schwefelbäder in Polle di Crimisio.

Das winzige, urige Höhlendorf in der Grotta Mangiapane

Custonaci – Volkstradition in einer Höhle

78

Sizilien kann in den Sommermonaten ein Glutofen sein. Wer sehnt sich da – selbst im heutigen Zeitalter der Klimaanlage – nicht nach der Kühle einer Höhle? Das dachte sich auch die Familie Mangiapane und zog im Jahr 1819 kurzerhand in eine solche.

Groß ist sie nicht, nur circa 70 Meter hoch, 50 Meter tief und 13 Meter breit. Unglaublich, dass darin ein ganzes Schäfer- und Bauerndörfchen unterkam, bestehend aus fünf winzigen zweistöckigen Häusern. Nach dem Zweiten Weltkrieg wanderten fast alle Familien aus ihren engen Behausungen aus. Nur eine blieb und nutzte die Grotte als Stall. Dass die Höhle danach nicht gänzlich dem Verfall preisgegeben war, verdankt sie dem Umstand, schon seit der Steinzeit bewohnt zu sein.

30 Jahre später beschloss eine Gruppe junger Leute mit ihrem Pfarrer, die Grotte als kleines Völkerkundemuseum wiederzubeleben. Emsig wurde geputzt, repariert, gesammelt, um an diesem besonderen Ort an fast vergessene Berufe zu erinnern, wie z. B. Sattler, Tellerflicker, Karrenmaler oder Puppenspieler. Ein Mitarbeiter führt die Besucher gerne durch das Minidorf, notfalls, wenn die Sprachkenntnisse nicht ausreichen, mit Händen und Füßen. Auch Kinder werden Spaß haben, schon wegen der Hühner und Esel. Der berühmte sizilianische »Commissario Montalbano« war natürlich auch schon hier.

Schneeweißer Sand wie in der Karibik. Klar, dass der Strand des Fischerortes San Vito lo Capo zu den schönsten Italiens zählt. Im Sommer ist viel los.
Der Monte Cofano, ein Naturschutzgebiet mit mediterraner Macchia, Zwergpalmen und herrlichen Ausblicken aufs azurblaue Meer, lädt zum Wandern ein.

Seit 1982 verwandelt sich die urige Grotta Mangiapane um die Weihnachtstage herum in eine »lebendige Krippe«. Diese umfasst nicht nur die eigentliche Weihnachtsgeschichte mit der Heiligen Familie und den Hirten. 160 engagierte Mitarbeiter stellen in historischen Kostümen wie in einer sizilianischen Krippe das ganze Leben einer traditionellen Ortschaft dar. Dazu gibt es lokaltypische Speisen zu kosten. Welch eine Atmosphäre! Die Musik, das Fackellicht und die Öllämpchen machen die Stimmung perfekt.

Grotta Mangiapane · Contrada Scurati · 91015 Custonaci · Tel. 340/1 43 22 91
www.presepeviventedicustonaci.it · April–Nov 10–18 Uhr · 3 € ohne Führung

79 Wallfahrt zur Madonna von Trapani

Dank der bezaubernden marmornen Madonna di Trapani entwickelte sich die Karmelitenkirche von Trapani zum wichtigsten Marienwallfahrtsort Westsiziliens. Viele Gläubige dankten der wundertätigen Muttergottes mit kostbaren Votivgaben für erhaltene Gnaden – sie sind zu bewundern im benachbarten Pepoli-Museum.

Einige Brüder des im 12. Jh. im Heiligen Land entstandenen Karmelitenordens erreichten gegen 1250 die Hafenstadt Trapani, wo sie außerhalb der Stadt eine riesige, der Muttergottes geweihte Kirche sowie ein Kloster errichteten. In dieser Kirche befindet sich in einer reich geschmückten Kapelle die Madonna di Trapani, um die sich zahlreiche Legenden ranken:

Nach einer der Geschichten gehörte die Statue dem aus Pisa stammenden Templerritter Guerreggio und befand sich ursprünglich in Syrien. Als Sultan Saladin (1137–1193) das Heilige Land zu erobern begann, bestieg Guerreggio mit der Madonnenskulptur ein Schiff, um in seine Heimat zurückzukehren. Ein schrecklicher Sturm zwang ihn, in Trapani anzulanden. Immer wenn er versuchte, Trapani zu verlassen, kam ein Sturm auf, was als göttliches Zeichen dafür gedeutet wurde, dass die Madonna in Trapani bleiben wolle. Guerreggio ließ die Skulptur schließlich in Trapani zurück, bat aber den pisanischen Konsul, sie ihm nachzuschicken. Dieser vertraute die Madonna den Karmelitern an, welche sie in ihrer Kirche unterbrachten. Als der Konsul die Skulptur schließlich auf einen Ochsenkarren laden ließ, um sie zu verschiffen, weigerten sich die Ochsen Richtung Hafen zu laufen und kehrten immer wieder zur Karmelitenkirche zurück. Dies überzeugte den Ritter Guerreggio, die Statue endgültig in Trapani zu lassen.

Wie auch immer die Statue nach Trapani gelangte, sie scheint definitiv aus Pisa zu stammen und wird dem bekannten Bildhauer Nino Pisano (1315 bis 1370) zugeschrieben, der für seine schönen gotischen Madonnen im »dolce stile nuovo« berühmt ist. Schon seit 1476 wird die Madonnen-Skulptur in Prozessionen durch Trapani getragen, seit ihrer Restaurierung im Jahr 1954 allerdings nur mehr eine Kopie.

Santuario Maria SS. Annunziata · Via Conte Agostino Pepoli 178 · 91100 Trapani
Tel. 0923/53 91 84 · www.madonnaditrapani.it

Wundertätig soll sie sein, die zauberhafte »Madonna di Trapani«

80 Misteri di Trapani – 24 Stunden im Wiegeschritt

Ostern ist hier zweifellos wichtiger als Weihnachten. Jeder noch so kleine Ort hat seine hingebungsvolle, prächtige Karwochenprozession. Solche Ereignisse sind Ausdruck eines tiefen Glaubens, dem Weiterleben uralter Riten aus der heidnischen Vergangenheit und gesellschaftlicher Treffpunkt in einem.

Die Mysterienprozession von Trapani ist die größte und eine der ältesten. Seit 400 Jahren gibt es sie, seitdem nach spanischem Brauch Handwerker lebensgroße Figurengruppen aus Holz schnitzten, bemalten, überbordend mit Silber, Blumen und Kerzen schmückten und auf Gestelle schraubten. Am Karfreitag, der zwar der höchste evangelische, in Italien aber kein offizieller Feiertag ist, werden sie durch die Straßen getragen. Und zwar lang! Der Zug verlässt um 14 Uhr, angekündigt von Trommlern mit weißen, spitzen Kapuzen, die Kirche Chiesa del Purgatorio und kehrt erst nach 24 Stunden dorthin zurück, wo die Figurengruppen ganzjährig zu sehen sind.

Der arabische Westen ist für Couscous-Gerichte bekannt, auch in Nudelgeschäften zum Mitnehmen. Zu empfehlen ist wieder Couscous mit Auberginen und Mandeln.
Arte Pasta · Via G. Ferrante 13
91100 Trapani · Tel. 0923/87 11 81
www.artepasta.biz

Geschaffen im 16. und 17. Jh., stellen die 20 Gruppen pathetisch Christi Leiden dar. Sie wiegen mehrere Hundert Kilo, dazu kommen eine Art Tisch mit je zwei Tragearmen vorn und hinten, und der pompöse Schmuck. Für jede Figurengruppe ist eine eigene Innung zuständig, deren Mitglieder, immer circa 20 Männer gleichzeitig, sie voller Aufopferungswillen und Stolz zugleich den ganzen Tag und die ganze Nacht hindurch feierlich schleppen. In einem extrem langsamen Wiegeschritt bewegen sie sich, begleitet von den typischen, fast gruseligen Trauermärschen der Blaskapellen. Vielleicht sind sie es, die die ganz besonders ergreifende Stimmung erzeugen. Selbst die Instrumente können am Ende des langen Weges ziemlich schwer werden! Löscht der rauschähnliche Zustand die Schmerzen aller Beteiligten einfach aus? Als oberflächlicher Betrachter erlebt man dieses Gefühl kaum. Man sollte sich voll und ganz darauf einlassen.

Chiesa Anime Sante del Purgatorio · Via San F. d'Assisi 33 · 91100 Trapani
Informationen zum Programm der Prozession: www.misteritrapani.it, www.trapaniwelcome.it

Die Berufsgruppe der Seiler, Maler und Dekorateure trägt feierlich ihre Mysteriengruppe aus der Kirche.

Einfach entzückend: das Jugendstil-Postamt von Trapani

Briefe verschicken im Jugendstilpostamt

81

Von außen wirkt das große, hellgelbe Postamt an der Piazza Vittorio Veneto in Trapanis Altstadt eher schlicht. Wer aber hineingeht, wird von zarten Fresken, bunten Glasschaltern, hübschem Mobiliar sowie eleganten schmiedeeisernen Lampen überrascht. In diesem Postamt fällt das Warten nicht schwer …

Beim Thema »Jugendstil« denken viele nicht an Italien – und schon gar nicht an Sizilien, obwohl die Insel mit dem Palermitaner Ernesto Basile (1857–1932) den bedeutendsten Jugendstilarchitekten Italiens hervorbrachte. Dessen Lieblingsschüler Francesco La Grassa (1876–1952) war ein Trapanese.

Nach dem Ersten Weltkrieg erlebte die Hafenstadt Trapani dank ihres florierenden Handels mit Meersalz, Thunfisch, Wein und Olivenöl einen Aufschwung, der sich auch in einem Bauboom niederschlug. Sowohl die öffentliche Hand als auch wohlhabende Privatpersonen konnten sich nun kostspielige Bauwerke leisten. Da viele Bauherren zeigen wollten, dass ihnen die aktuellen Trends bekannt waren, wandten sie sich an den »Stararchitekten« ihrer Stadt – eben an La Grassa, der im Salon Basiles mit den bedeutendsten Künstlern seiner Zeit zusammengetroffen war. Er hatte zwar 1906 nach Rom umziehen müssen, wo er bei der Stadt eine Ingenieursstelle erhalten hatte, doch er kam regelmäßig in seine Heimatstadt zurück – nicht zuletzt aufgrund zahlreicher lukrativer Bauaufträge. Bald konnte es sich La Grassa leisten, sich nur mehr als freier Architekt zu betätigen. Und so findet man verstreut über Trapani, aber auch in anderen Städten wie Ragusa und Noto, zahlreiche von La Grassas Bauwerken. Sein Hauptwerk ist ohne Zweifel das zwischen 1922 und 1927 erbaute Postamt. Aber auch das raffinierte, einst als Zentrum des mondänen Lebens in Trapani genutzte Chalet Fiorino (1922, heute Casino delle Palme) am Hafen stammt von ihm, genauso wie der großartige Palazzo Ferrante (1908) in der Via Vespri, die Casa La Barbera (1904) in der Via Osorio oder der Palazzo Montalto (1927) in der Via XXX Gennaio. Sehr schade, dass diese schönen Palazzi nur von außen bewundert werden können.

Palazzo delle Poste · Piazza Vittorio Veneto 10 · 91100 Trapani · Tel. 0923/43 41 11 oder 0923/87 20 16 · Mo–Fr 8–18.00 Uhr, Sa 8–12.30 Uhr

82 Im Sportflieger über Westsizilien

Hoch über den Wolken – es ist einfach ein unglaubliches Gefühl, mit einem erfahrenen Piloten in einem kleinen Sportflieger über Westsizilien zu fliegen und die Städte, Berge, Stauseen und Inseln aus der Vogelperspektive zu betrachten. Das tolle Erlebnis lohnt, die Angst vor dem Fliegen zu überwinden!

Drei Personen und der Pilot passen in das französische Socata-Leichtflugzeug vom Typ TB 9, das im Hangar des ehemaligen Militärflughafens Boccadifalco bei Monreale steht. Nachdem die Passagiere in das Miniflugzeug geklettert sind, rollt die Maschine auf die Startbahn und hebt ab. Der Pilot spricht in einer Mischung aus Englisch und Italienisch mit dem Bodenpersonal des Großflughafens Punta Raisi von Palermo, um zu sehen, ob Passagierflugzeuge im Luftraum sind, und bestimmt die Route. Meist geht es über die Berge hinter Monreale nach Segesta, wo das antike Theater und der dorische Tempel langsam von oben umkreist werden. Weiter nimmt der Flieger Kurs auf Marsala am Afrikanischen Meer, wo sich in der Lagune dello Stagnone die Inselchen Mozia, Schola und Santa Maria ausmachen lassen und Salzfelder malerisch in der Sonne glitzern. Weiter geht es über die drei Ägadischen Inseln Favignana, Marettimo und Levanzo, dann taucht die Stadt Trapani mit ihrer auf einer sichelförmigen Landzunge gelegenen Altstadt auf und dahinter das auf dem Monte Erice gelegene gleichnamige Bergstädtchen. Kurz danach gerät der majestätische Monte Cofano in den Blick, der vom Flugzeug aus zum Greifen nah wirkt. Nachdem San Vito Lo Capo mit seinem schönen Sandstrand überflogen ist, befindet sich das Flugzeug schon wieder auf dem Rückweg – immer entlang der Küste des Tyrrhenischen Meers. Am Schluss noch eine tolle Aussicht auf das gewaltige Capo Gallo, den lang gezogenen Monte Pellegrino und die Stadt Palermo – und schon setzt das Flugzeug zum Landeanflug an. Da das einstündige Vergnügen für nur 250 Euro für drei Personen zu haben ist, lässt es sich vielleicht wiederholen – das nächste Mal mit Kurs auf den Ätna? Die netten Piloten des Aeroclub stehen gerne bereit.

Aeroclub Palermo Beppe Albanese · Piazza Pietro Micca 1 · 90137 Palermo · Tel. 091/6 68 07 85 oder 349/7 61 58 18 (Fabio) · www.aeroclubpalermo.it · Flüge nur nach Voranmeldung

Wow! Zum Greifen nah ist der Monte Cofano vom Flieger aus.

83

Der Teufelstanz in Prizzi – eine Ostertradition

Sizilien ist bekannt für seine Karwochen- und Ostertraditionen. Das aber, was in Prizzi jedes Jahr an Ostersonntag aufgeführt wird, sucht seinesgleichen. Ein folkloristischer Brauch, der tief in die heidnische Vergangenheit zurückreicht und sich mit christlichen Traditionen vermischt hat.

Prizzi, hoch in den Bergen zwischen Palermo und Agrigent gelegen, gilt als eine der ältesten Siedlungen Siziliens, gegründet lange vor Ankunft der Griechen. Bei klarem Wetter kann man das Meer und sogar den Ätna sehen. Während sonst überall auf Sizilien die Karwoche und das Osterfest eher ruhig und mit feierlichen Prozessionen begangen werden, geht es in dem hübschen, 5000 Seelen zählenden Bergstädtchen ziemlich laut zu. Das Treiben beginnt am Vormittag des Ostersonntags. Gruppen von in der Regel drei Personen, zwei davon mit roten Anzügen, Lammfell, Hörnern und Maske als Teufel verkleidet, eine in ein scheußliches Ockergelb gehüllt und den Tod darstellend, treiben ihren Spaß mit Passanten, weder für Einheimische noch für Fremde gibt es da Gnade. Um wieder freizukommen, ist unbedingt ein kleiner Obolus in Form von Geld, Süßigkeiten oder (alkoholischen) Getränken erforderlich. Dabei rauben die Teufel symbolisch die Seelen ihrer Opfer.

Der Höhepunkt erfolgt am Nachmittag, wenn die Teufel zu verhindern versuchen, dass sich auf dem Hauptplatz die Statue des auferstandenen Christus und die der Muttergottes, jeweils in Begleitung von zwei Engeln, treffen. Dieses Hin und Her und die festgelegten rhythmischen Bewegungen werden »Ballo dei Diavoli«, »Tanz der Teufel«, genannt. Erst wenn die Teufel besiegt sind, können sich Christus und Maria endlich begegnen, und das Gute triumphiert über das Böse, die Wiedergeburt der Natur siegt über die Öde des Winters.

Diesen Sieg feiert anschließend das ganze Dorf, doch nun sind es die Teufel, die Getränke spendieren müssen. Bunte »Cannateddi«, traditionelle Osterkuchen mit einem Osterei darin, werden dazu verteilt, und anschließend wird feuchtfröhlich gefeiert.

Ballo dei Diavoli · 90038 Prizzi
Ostersonntag · Informationen unter: www.comune.prizzi.pa.it oder www.siciliainfesta.com

Die Teufel von Prizzi vertreiben den Winter.

Hinter diesen Fassaden verbergen sich keine Häuser, sondern Höhlen. Unglaublich – in den 1960er-Jahren haben hier noch Menschen gewohnt.

Die Wohnhöhlen von Sperlinga

84

Kaum zu glauben – es ist nicht lange her, da wohnten die Menschen nicht nur in Matera, sondern auch hier noch in Höhlen! In den Fels geschnittene Treppen führen zu Haustüren mit Briefkästen und Fernsehantennen, aber was sich dahinter befindet, sind Höhlen für eine ganze Familie!

Eine wunderschöne Hügellandschaft umgibt das nur 765 Einwohner zählende Sperlinga, circa 50 Kilometer nördlich von Enna gelegen. Vom Aussichtsturm der gewaltigen Burg hat man an klaren Tagen eine gigantische Aussicht auf die Hochebene von Gangi in den Madonien und auf die Nebroden bis hin zum Ätna. Unterhalb der Burg führt ein enger Pfad mit steilen Treppen, die in den weichen Sandstein geschlagen sind, an circa 50 Höhlen aus byzantinischer Zeit vorbei. Die Hausnummern, Briefkästen und Stromleitungen sind meist noch da. Oft stehen hübsche Blumenkübel davor. Manche haben sogar einen Balkon. Doch obwohl sie noch in Privatbesitz sind, werden die wenigsten von ihnen noch, wie bis weit in die 1960er-Jahre hinein, zum Wohnen benutzt, sondern eher als Stall, Werkstatt oder Lagerraum. Erst in jüngster Zeit gelang es ein paar innovativen Köpfen, unter hohem Kostenaufwand die ersten Höhlen zu modernen und komfortablen Wohnungen mit allerbesten Klimabedingungen umzubauen. Leider hat sich noch kein weiterer Investor gefunden, und weil Sperlinga, wie viele andere Städte im Inselinnern, verarmt ist, muss diese Möglichkeit einstweilen meist noch Zukunftsmusik bleiben.

Die Wohnhöhlen, wie es sie in dieser Gegend schon seit der Bronzezeit gibt, waren es, die dem Ort einst den Namen gegeben haben. Er leitet sich vom lateinischen Wort für Höhle, *spelunca*, ab. Heute spricht man auch vom »kleinen Matera Siziliens«. In eine der größten Wohnhöhlen, direkt unterhalb des Kastells, ist inzwischen ein winziges Volkskundemuseum eingezogen. Das Kastell selbst wird derzeit restauriert, ist aber zugänglich. Hier fanden während der Aufstände nach der Sizilianischen Vesper im Jahr 1282 zahlreiche Anjou-Anhänger Zuflucht.

Museo della civiltà contadina · Largo Castello · 94010 Sperlinga · Tel. 0935/64 33 72 oder 328/4 12 44 44
www.sperlinga.net · Okt–März 9.30–16 Uhr, sonst bis 18.30 Uhr · 5 € (inkl. Kastell und Höhle)

85 Sizilianische Geschichte im Bahnwaggon

Überall werden unrentable Bahnstrecken stillgelegt. Auch der Bahnhof der Kleinstadt Villarosa in der Provinz Enna, die in den letzten Hundert Jahren weit über die Hälfte ihrer Einwohner durch Abwanderung verloren hat, sollte geschlossen werden.

Doch der letzte Bahnhofsvorsteher, Primo David, hatte eine unkonventionelle Idee, das endgültige Abgehängtwerden seiner Heimatstadt zu verhindern. In jahrzehntelanger Arbeit sammelte er Objekte und richtete ein kleines ethno-anthropologisches Museum in einem alten Zug ein, der auf einem stillgelegten Gleis unter Schatten spendenden Bäumen steht. Jeder Waggon widmet sich einem eigenen Thema: Dem Familienleben zu Beginn des letzten Jahrhunderts, der damaligen Landwirtschaft, dem traurigen Kapitel des Schwefelabbaus, der Bahn und der Auswanderung. Wenn auch die Objekte und das in Dauerschleife erklingende »Panis Angelicus« einen etwas angestaubten Charme versprühen, spürt man deutlich, mit wie viel Hingabe der Initiator und Leiter das kleine Museum eingerichtet hat. Gerne begleitet Primo David voller Stolz seine Gäste höchstpersönlich, weswegen er um telefonische Voranmeldung bittet. Er spricht sogar etwas Deutsch, da er selbst einige Jahre in der Nähe von Frankfurt gelebt hat.

Primo David hat in ähnlicher Weise in der Nähe auch das Museo Paese di Villapriolo eingerichtet, wohin er seine Gäste gerne begleitet.

Und der Zug selbst? Wer erfährt, um welche historischen Waggons es sich handelt, dem stockt der Atem. Es sind, wie Herr David hervorhebt, diejenigen Wagen, mit denen zwischen Oktober 1943 und Januar 1944 rund 1000 Juden von Rom ins Konzentrationslager von Triest deportiert wurden. Hier, in Villarosa, ist aus dem Zug des Todes ein Zug der Kultur geworden.

Herr David hatte mit seiner Idee Erfolg: In Villarosa halten immer noch Züge, und durch einen langsam aufkommenden, sanften Tourismus kehrt immer mehr Leben in die kleine Stadt zurück, sodass auch die Zukunft des kleinen Bahnhofs gesichert sein sollte.

Trenomuseo di Villarosa · Stazione FS · SS 121 · 94010 Villarosa · Tel. 338/4 80 97 21
www.trenomuseovillarosa.com · Di–So 9.30-12.30 und 16.30–19.30 Uhr

Das Zug-Museum auf einem schattigen Abstellgleis am Bahnhof von Villarosa.
Stolz präsentiert der letzte Bahnhofsvorsteher Primo David seine Sammlung.

Irgendwie wirkt es amerikanisch, das aus dem Boden gestampfte Outlet Village.

Sicilia Outlet Village – günstige Designerkleidung

86

Mit dem Sicilia Outlet Village befindet sich einsam inmitten der Landschaft ein wahres Mode-Mekka. Die Produkte bekannter italienischer, aber auch internationaler Designermarken werden dort zu günstigeren Preisen als anderswo angeboten. Mit etwas Glück lassen sich dort richtige »Schnäppchen« machen.

In der ganzen Welt sind italienische Kleidung, Leder- und Schuhwaren wegen ihres Designs berühmt. Wichtige Couturiers wie Armani, Dolce & Gabbana, Gucci, Missoni, Prada oder Valentino haben zum Ruhm des »Made in Italy« in Sachen Mode beigetragen.

Die meisten Italiener legen großen Wert auf ihr Outfit. Außerdem sind sie sehr markenbewusst, achten allerdings auch auf die Preise. Und so verwundert es nicht, dass in den letzten Jahrzehnten im ganzen Land Designer-Outlet-Zentren wie die Pilze aus dem Boden geschossen sind. Früher waren Großstädte wie Mailand oder Rom die begehrtesten Einkaufsdestinationen. Inzwischen hat es sich herumgesprochen, dass sich außerhalb der Stadtzentren mit den Designer-Outlets richtige kleine Modestädtchen nach dem Vorbild der amerikanischen Shopping-Malls entwickelt haben. Auch auf Sizilien gibt es seit 2010 ein solches Outlet Village, direkt an der Autobahn, nicht weit entfernt von dem kleinen Städtchen Aidone. Es gehört der Percassi-Gruppe, hinter der der aus Bergamo stammende ehemalige Profi-Fußballer und Unternehmer Antonio Percassi steht. Die Gruppe verfügt in der Nähe von Mailand, Turin und Rom über weitere Mode-Outlets, die alle nach dem gleichen »Strickmuster« gebaut sind: bunte kleine Häuser, in denen die verschiedenen Geschäfte bzw. Bars und Restaurants untergebracht sind, hübsch mit Bäumen, Blumen und Springbrunnen angelegte Wege und sogar einige Spielplätze. Es entsteht also tatsächlich der Eindruck eines – wenn auch eher amerikanischen – Dorfes. Im Sicilia Outlet Village laden mehr als 140 Edelgeschäfte zum Bummeln ein, wobei mit einer Preisersparnis von 30 bis 70 Prozent geworben wird. So richtig billig sind die Designerprodukte dann immer noch nicht – am meisten spart man zu den Schlussverkaufszeiten.

Sicilia Outlet Village · Autobahn A19 Palermo Catania · Ausfahrt Dittaino Outlet · 94011 Agira
Tel. 0935/95 00 40 · www.siciliaoutletvillage.com · Mo–Fr 10–20 Uhr, Sa–So 10–21 Uhr

Die Arbeit in der Schwefelmine war die Hölle auf Erden.

Die Hölle der Schwefelminen

87

Schwefel stinkt, das weiß jeder. Wie bedeutend der Schwefelabbau für das Inselinnere war, aber auch, unter welch schlimmen Bedingungen die Männer dort arbeiteten, kann der Besucher im etwas abgelegenen Minenmuseum Trabia Tallarita zwischen Riesi und Sommatino höchst anschaulich erleben.

Schon seit der Antike wird auf Sizilien Schwefel abgebaut. Im 19. Jh. nahm der weltweite Bedarf rasant zu. Sizilien lieferte stolze 90 Prozent der Weltproduktion, rund 40 000 Personen arbeiteten in 730 Gruben unter Bedingungen, die sich seit der Antike kaum verändert hatten. Doch mit Beginn des 20. Jahrhunderts, als in den USA Schwefel oberirdisch kostengünstiger abgebaut wurde, konnte der sizilianische Schwefel nicht mehr mithalten. Eine Mine nach der anderen schloss, ganze Landstriche verloren ihre Existenzgrundlage – und das in Gegenden, die kaum Alternativen boten. Es blieb entweder das Leben in Armut oder das Auswandern – meist nach Amerika. Heute ist keine einzige Mine mehr in Betrieb.

Trabia Tallarita ist eine solche aufgegebene Grube. Seit 1730 waren hier 3000 Arbeiter im Einsatz. In den 1950er-Jahren setzte der Niedergang ein, 1975 war endgültig Schluss. 2010 erlebte die Grube ihre Wiedergeburt als Museum, Süditaliens bedeutendstes Beispiel für Industriearchäologie. Es schildert mit erschütternden Bildern, Fotos und Maschinen den entsetzlichen Alltag. Nicht nur Männer, auch Kinder schufteten hier wie Sklaven: Hitze, Gestank, Verätzungen, schwere Lasten, die häufigen tödlichen Unfälle wegen kaum vorhandener Sicherheitsvorkehrungen. Keiner wusste, ob er am nächsten Tag seine Familie wieder sehen würde. Die Schicht begann mit dem Sonnenaufgang und endete, als es schon dunkel war. Tageslicht – was ist das?

Verdiente man für die Hölle auf Erden auch nach dem Tod die Hölle? Viele Priester verweigerten den Toten sogar die christliche Beerdigung, da die Grubenarbeit so gefährlich war, dass die Kirche sie mit Freitod gleichsetzte. Heute sieht die Kirche das als großen Fehler an.

Museo d. Solfare di Trabia Tallarita · Contr. Palladio · Ex Centrale Elettrica Palladio · SS190 KM 24 (900 m nach Abzweig von SS 626) · 93016 Riesi · Mo–Sa, 1. So im Monat 9–13, 15.30–19 Uhr · 4 €

88 Die Göttin von Morgantina – ein Archäologiekrimi

Über zwei Meter ist die spektakuläre »Göttin von Morgantina« groß! Bei der Kultfigur handelt es sich wohl um eine Demeter, geschaffen von einem Bildhauer aus der Schule von Phidias im 5. Jh. v. Chr. Nachdem sie auf abenteuerlichste Weise ins Ausland verschachert worden war, kehrte sie 2011 in ihre Heimat zurück.

Die Geschichte begann vor gut 30 Jahren, als sich in einer stürmischen Nacht »tombaroli«, also Grabräuber, in Morgantina an die Arbeit machten. Morgantina war eine antike Stadt, die unter den Römern aufgegeben wurde und über die Jahrhunderte unter Erde und Gebüsch verschwand. In den 1950er-Jahren gruben Archäologen der amerikanischen Princeton University einen Teil der Stadt aus – aber bei Weitem nicht alles, und so gab es für Raubgräber noch viel zu tun.

In jener Nacht im Jahre 1979 kam nicht nur »Kleinkram« zum Vorschein, sondern die enorme steinerne »Göttin«. Für nur acht Millionen Lire verscherbelten sie die Diebe an einen Hehler aus Gela – nicht ohne die Skulptur erst einmal mit einem Winkelschleifer in drei Stücke zerlegt zu haben. Dieser Hehler wandte sich an zwei kriminelle Kunstexperten: einen Londoner und einen in der Schweiz lebenden Sizilianer. Diese wiederum organisierten einen Skipper aus Nizza, der die kostbare Figur von Porto Empedocle nach Frankreich brachte, von wo aus sie über die Schweiz nach London gelangte. Dort wurde die Kultstatue schließlich 1987 für stolze 18 Millionen Dollar vom Paul Getty Museum in Malibu ersteigert – das nicht so ganz genau wissen wollte, woher sie denn nun kam.

Abstecher in die Ausgrabung Morgantina: Einige Kilometer außerhalb von Aidone entfernt befindet sich das antike Morgantina, in dem vor allem die hellenistisch-römische Siedlung sehenswert ist.

Zwischenzeitlich mussten illegal erworbene Kulturgüter wieder zurückgegeben werden. Dank dieser internationalen Verträge gelang der »Göttin von Morgantina« nach 30 Jahren die Rückkehr. Heute ist sie im archäologischen Museum von Aidone zu bewundern.

Museo Archeologico di Aidone · Largo Torres Truppia 1 · 94010 Aidone · Tel. 0935/8 73 07
www.regione.sicilia.it/beniculturali/deadimorgantina · April–Okt 9–19 Uhr, Nov–März 9–17 Uhr

In der antiken Stadt Morgantina wurde die große »Göttin« gefunden.

Köstlich, was Giuseppe Raffaele (links im Bild) in seiner Küche brutzelt.

89

Essen wie bei einer sizilianischen Familie

Piazza Armerina ist wegen seiner römischen Villa weltberühmt. Für Liebhaber der echten sizilianischen Küche gibt es noch einen weiteren Grund, in das nette Städtchen zu fahren: das Traditionslokal Ristorante da Totò. Hier wird der Gast ganz wie bei »la mamma« daheim mit den tollsten Leckereien verwöhnt.

Alle nennen den sympathischen Eigentümer des Restaurants »Totò«, obwohl er in Wirklichkeit Giuseppe heißt. Giuseppe Raffaele stammt aus Piazza Armerina, wo er als junger Mann in einer Konditorei arbeitete, bevor er als Hotelkoch in Agrigent und Bologna seine Kenntnisse erweiterte. Als die Geburt des ersten Sohnes anstand, kehrte er in seine Heimatstadt zurück. Genau am Tag der Geburt des Erstgeborenen Jaris, dem 22. November 1989, verwirklichte Giuseppe seinen Traum und unterschrieb den Pachtvertrag für das renommierte Traditionslokal »Totò«. Dieses Restaurant ist keineswegs nur bei Einheimischen bekannt, sondern auch im Ausland, war es doch nach der Landung der Alliierten im Frühsommer 1943 das beliebteste Lokal Piazzas bei den hier stationierten britischen Soldaten.

Giuseppe Raffaele betreibt das »Totò« zusammen mit seiner Frau Salvina und den Söhnen Jaris und Danilo seit 30 Jahren mit großem Erfolg. Es ist sicher kein Schickimicki-Lokal, und Michelin-Sterne hat es auch nicht. Dafür aber gibt es beste Hausmannskost aus frischen Zutaten, zubereitet mit viel Liebe und Können. Neben den üblichen sizilianischen Gerichten werden viele für Piazza Armerina typische Speisen angeboten. Dazu zählen die Pappardelle alla Centrale, also Bandnudeln mit einer Gemüsesauce, bestreut mit Ricotta salata; Nudeln mit Trüffeln und Steinpilzen, die aus der Gegend von Piazza Armerina kommen; und schließlich lockt mit der »Bocca di Lupo« ein gefülltes und überbackenes Kalbfleischgericht in einer köstlichen Sauce. Und die leckeren Desserts, etwa das Mandeleis mit Schokoladensauce, zergehen auf der Zunge.

Farbenprächtiges Historienspektakel: Zwischen dem 13. und 15. August geht in Piazza Armerina beim Palio dei Normanni, einem Umzug in historischen Kostümen und einem Reiterturnier, »die Post ab«! www.paliodeinormanni.com

Ristorante Pizzeria da Totò · Via Giuseppe Mazzini 29 · 94015 Piazza Armerina · Tel. 0935/68 01 53 oder 347/7 77 76 23 · www.ristorantepizzeriadatoto.net · Mo–So 12–15.30, 18–0.30 Uhr

Keramik so weit das Auge reicht. Sogar die Treppe zur Hauptkirche ist damit dekoriert.

Ceramica Siciliana – bunte Keramiken überall

90

Pinienzapfen, bunte Teller, reich geschmückte »Mohrenköpfe«, die als Blumentöpfe dienen, Espressotassen, Bodenfliesen oder Wandkacheln, Schirmständer, Schüsseln, Trinakrien – alles aus Keramik, was man sich vorstellen kann (und mehr), fantasievoll bemalt, das gibt es überall auf Sizilien.

Schon seit dem Neolithikum wird auf Sizilien ununterbrochen Keramik produziert. Besonders die Griechen prägten entscheidend die Kunst nicht nur der Töpferei, sondern v. a. der Vasenmalerei – wobei mit Vasen Tongefäße aller Art gemeint sind. Als im 9. Jh. die Araber kamen, die die antike Kunst fortgeführt und mit persischen und ägyptischen Einflüssen vermischt hatten, brachten sie neue Techniken mit, v. a. die des Glasierens. Das machte die Keramik noch bunter und v. a. undurchlässiger für Flüssigkeiten. Kaiser Friedrich II. war begeistert davon und förderte die Produktion.

Das bedeutendste Keramikzentrum Siziliens ist zweifellos Caltagirone, in dessen Umgebung es besonders qualitätsvolle Tonvorkommen gibt. Noch heute reiht sich in der hübschen barocken Altstadt Werkstadt an Werkstadt. Von traditionellen Motiven bis hin zu ganz modernen ist alles vertreten. Interessierte können hier das zweitgrößte Keramikmuseum Italiens besuchen. Ganz besonders imposant aber ist die große, zur Hauptkirche führende Freitreppe, deren Stufen mit bunten Majolikakacheln verziert sind. Auch die Städte Sciacca im Süden und Santo Stefano di Camastra an der Nordküste sind bedeutende Keramikzentren. Die Unterschiede liegen dabei vor allem in den Farben und Motiven.

Irgendwie gehören die bunten Teller und Schüsseln zu Sizilien dazu. Überall sieht man sie, zum Verkauf und in Gebrauch. Noch heute kann man in zahlreichen Adelspalazzi die alten Majolikaböden bewundern. In vielen Hotels genauso wie Privathäusern sind sie noch immer echte Hingucker. Viele Fremde bleiben vor den Geschäften stehen und staunen. Bunte Keramiken sind beliebte Souvenirs. Flugreisende können meist mit dem Händler den Versand nach Hause vereinbaren.

Museo della Ceramica · Via Giardini Pubblici · 95041 Caltagirone · Tel. 0933/5 84 18
tägl. 9–18.30 Uhr · 4 €

91 Inselrundfahrt auf Lipari

Der sympathische Antonio La Greca liebt es, Touristen in seinem komfortablen Taxi die schönsten Flecken Liparis zu zeigen. Vom Fährhafen Marina Lunga geht es über die ehemaligen Bimssteinbrüche und das alte Fischerdorf Acquacalda hinauf zum Sanktuarium der Maria Santissima della Catena. Hier bietet sich vor allem bei Sonnenuntergang ein fantastischer Ausblick auf die Nachbarinseln Salina, Filicudi, Alicudi, Panarea und Stromboli. Nach einem Abstecher zu den bronzezeitlichen Termen di San Calogero und den Alaunsteinbrüchen kann man vom Panoramapunkt Quattro Occhi aus die Insel Vulcano und bei gutem Wetter sogar den Ätna ausmachen.

Taxi Antonio · Marina Lunga · Lipari · Tel. 334/1 13 24 77 oder 333/8 66 59 14
www.liparitaxiantonio.com

92 Leckere Antipasti und Wein

Wenige Minuten von der malerischen Marina Corta entfernt lädt das schnuckelige Lokal von Gilberto und Vera mit seinen paar Tischen draußen und drinnen ein. An der Theke werden köstliche Brötchen zubereitet – besonders empfehlenswert ist das pikante Panino »Vulcano« mit leckeren Kapern und scharfer Salami. Gilberto ist ein hervorragender Weinkenner und erklärt seinen Gästen mit Freude die Besonderheiten der wunderbaren liparotischen Weine, deren Reben die alten Griechen auf die Insel mitgebracht haben. Am berühmtesten ist der von Guy De Maupassant als »schwefeliger Teufelssirup« bezeichnete Malvasia, der nur auf den Liparischen Inseln produziert wird.

Gilberto e Vera Enopaninoteca · Via Garibaldi 22 · 98055 Lipari
Tel. 090/98 27 56 und 090/9 81 27 04 · www.gilbertovera.it · Mo–So 9–13 Uhr

Traumhaft: der Blick von den Quattro Occhi auf Lipari und Vulcano.
Wahnsinn – die Auswahl an köstlichen Weinen bei Gilberto und Vera

Das schwarze vulkanische Glas glänzt in der Sonne und kann zu messerscharfen Klingen geschlagen werden.

Obsidian – das schwarze Gold der Steinzeit

93

Reiche Vorkommen an Obsidian, dem schwarzen vulkanischen Glas, sorgten dafür, dass sich seit 4000 v. Chr. Menschen auf Lipari ansiedelten. Der Handel mit diesem außergewöhnlichen Material machte Lipari schon in der Steinzeit buchstäblich steinreich. Noch heute ist er in der Natur zu finden.

Beim Wandern über den Monte Pilato, einen erloschenen Vulkankegel im Nordosten von Lipari (476 m), bzw. über die dortige Obsidianzunge »Rocche Rosse« kann man zwischen dem gleißend weißen Bimsstein rötlich-schwarze, wie Glas glitzernde Steine erkennen. Das ist er, der Obsidian.

Vulkanisches Glas entsteht, wenn Lava sehr schnell abkühlt. Ist diese Lava reich an Gasen und Wasser, schäumt das Gestein auf und es entsteht der extrem leichte Bims. Bis 2007 wurde er hier zur industriellen Nutzung abgebaut. Doch zu viele Arbeiter erkrankten an der Liparose, einer besonderen Art der Staublunge, sodass die Behörden den Abbau beendeten. Sind nur wenig Gase in der schnell abkühlenden Lava eingeschlossen, entsteht Obsidian.

Wegen seines typisch muscheligen Bruchs konnten daraus schon die Steinzeitmenschen ganz erstaunliche Klingen schlagen, die schärfer waren als alle damals bekannten Waffenarten, v. a. als die allgemein üblichen Messer aus Feuerstein. Kein Wunder, dass Obsidian auch anderswo begehrt war. Durch Handel verbreitete er sich im gesamten Mittelmeerraum. Lipari wurde zu einem wichtigen Wirtschaftszentrum und gelangte zu außergewöhnlichem Wohlstand. Erst mit der Entdeckung der Metallverarbeitung verlor Obsidian an Bedeutung, Liparis Steinzeitwirtschaft brach ein.

Tatsächlich, noch heute kann man mit einem Stück Obsidian Tomaten oder Schinken schneiden oder sich rasieren. Heute ist Obsidian aber hauptsächlich als Schmuckstein beliebt und ist in fast jedem Souvenir- oder Juweliergeschäft der Insel in allen möglichen Formen zu bekommen.

Untergebracht im ehemaligen Bischofspalast brilliert das archäologische Museum mit einer riesigen Vorgeschichtsabteilung – Obsidian in allen Varianten!

Museo Archeologico Regionale Eoliano »Luigi Bernabò Brea« · Via del Castello 2 · 98050 Lipari
Tel. 090/9 88 01 74 · Mo–Sa 9–19.30, So 9–13.30 Uhr

94 Inselhopping – auf der Jacht um die Äolen

Die »sieben Schwestern«, wie die Äolischen bzw. Liparischen Inseln vor der Nordostküste Siziliens genannt werden, zählen zweifellos zu den schönsten Flecken im Mittelmeer. Auf der eleganten Motorsegeljacht »Gelidonya« lassen sich die Inseln auf eine besondere Weise kennenlernen – verwöhnt von einer netten Crew.

Einst war der sympathische Kapitän Marcello Taranto ein Schwertfischfänger. Die europäischen Regelungen gegen die Überfischung im Mittelmeer zwangen ihn aber, seinen alten Beruf aufzugeben. Mit der erhaltenen EU-Abwrackprämie kaufte er sich eine Gulet-Motorsegeljacht und pendelt seither mit seiner vierköpfigen Mannschaft zwischen dem Äolischen Archipel hin und her. Köchin Rosanna sorgt mit liparotischen Spezialitäten für das leibliche Wohl, ein Matrose hilft dem Kapitän bei der Arbeit und Reiseleiter Maurizio unternimmt Ausflugstouren. Selbstverständlich spricht Maurizio ausgezeichnet Deutsch, schließlich ist er im Badener Müllheim geboren und aufgewachsen, bevor er in Palermo ein Germanistik-Studium absolvierte.

Los geht die einwöchige Insel-Tour normalerweise samstags – und dann stehen allerhand Aktivitäten an: Trekking-Touren auf jeder der sieben Inseln, bei denen Vulkangipfel erklommen werden; ein spannender Kochkurs auf dem Schiff, bei dem Rosanna oder eine Fischer-Ehefrau die Geheimnisse der liparotischen Küche erläutert; Malvasia- und Kapernverkostungen auf Salina; nächtliches Kalmare-Fischen; ein Gespräch mit einem Vulkanologen sowie der Besuch des geophysisch-vulkanologischen Instituts; ein gemütliches Abendessen bei einer Fischer-Familie daheim; die nächtliche Beobachtung der Eruptionen des Feuer spuckenden Stromboli – und immer wieder Baden vom Schiff aus an besonders schönen Stellen, die anderweitig nicht erreicht werden könnten. Zu den schönsten Momenten des Insel-Hopping gehören die prächtigen Sonnenuntergänge. Auch die lustigen Delfine, die oft um die Jacht herumschwimmen, werden unvergesslich bleiben! Bei dem etwas anderen Urlaub können maximal zehn Personen mitmachen, da das Schiff über nur fünf Gästekabinen verfügt.

Maurizio Rotolo · Via D. Trentacoste 55 · 90145 Palermo
Tel. 328/6 28 02 80 · mauriziorotolo@inwind.it

Mit der Gelidonya macht es Spaß um die Liparischen Inseln zu tuckern.

Nächtliches Naturfeuerwerk auf dem Stromboli

Nachtwanderung auf einem brodelnden Vulkan

95

Beim Stromboli (926 ü. NN) handelt es sich um einen der aktivsten Vulkane der Welt: Regelmäßige Eruptionen sorgen mehrmals pro Stunde für ein höchst eindrucksvolles »Naturfeuerwerk«. Kein Wunder, dass die im Mittelalter vorüberfahrenden Seeleute dachten, in dem Vulkan sei das Fegefeuer angesiedelt.

Die Eruptionen des Stromboli hautnah zu erleben, zählt zu den spannendsten Sizilien-Erlebnissen überhaupt – allerdings sind für den etwa sechsstündigen Ausflug einige Vorbereitungen erforderlich: Zunächst muss die Tour am Vortag bei einem ausgebildeten Vulkanführer angemeldet werden, da es aus Sicherheitsgründen nicht gestattet ist, alleine den Gipfel zu erklimmen. Dann wird eine Ausrüstung mit guten Wanderschuhen und dicken Socken, Wäsche zum Wechseln, einer Stirnlampe, einem Rucksack sowie mindestens zwei Litern Wasser und Proviant benötigt.

Der anstrengende Aufstieg beginnt üblicherweise zwischen 15 und 17 Uhr, wobei die Wanderung kurzfristig abgesagt werden kann, falls es zu windig ist. Nach dem Dorf San Vincenzo beginnt der eigentliche Aufstieg: zunächst auf einem Pfad mit reichlich Vulkanasche, dann auf einem Felsenweg, aus dem Stufen herausgeschlagen sind. Bei einer Pause auf 500 Metern Höhe entscheidet der Führer, wer mit nach oben steigen darf und wer wegen nicht ausreichender Kondition besser umkehrt. Dann führt der Felsenweg bis zum Gipfel. Ungefähr 150 Meter über den insgesamt drei Krateröffnungen gibt es eine Pause zum Wechseln der durchgeschwitzten Kleidung, zum Trinken und Essen. Anschließend suchen sich alle einen Sitzplatz und warten auf die Eruptionen: Einer der Krater bleibt immer ruhig, wenn auch in seinem Inneren die rot glühende Lava zu sehen ist. Die beiden anderen Krater hingegen bieten ein unglaubliches Naturspektakel, wobei sich der linke durch besonders heftige, zwischen zehn und 30 Sekunden andauernde Eruptionen hervortut. Üblicherweise dauern die Pausen zwischen den Eruptionen fünf bis 30 Minuten. Nach etwa einer Stunde des Beobachtens beginnt im Dunkeln der Rückweg auf einem Pfad voller Vulkanasche.

Magmatrek · Via Vittorio Emanuele · 98050 Stromboli · 10–12.30 Uhr, 16–18 Uhr · Tel. 090/9 86 57 68
www.magmatrek.it · Infos auf Deutsch bei Elia Issa: issaelia@gmail.com

96 Zibibbo – süße Köstlichkeit von der Vulkaninsel

Nach einer Legende bezirzte die phönizische Göttin Tanit-Astarte ihren griechischen Kollegen Apoll, indem sie ihm statt Ambrosia Pantelleria-Wein einschenkte. Auch Casanova scheint bei seinen Liebesabenteuern zu diesem Wein gegriffen zu haben. Wer ihn probiert hat, kann diese Geschichten verstehen.

Der süße Dessertwein Passito di Pantelleria wird aus einer alten weißen Rebsorte hergestellt, nämlich der zur Familie der Muskateller zählenden Variante Muscat d'Alexandrie, die auf Sizilien Zibibbo genannt wird. Wie die im ganzen Mittelmeer verbreitete Rebe auf die Vulkaninsel Pantelleria kam, ist nicht ganz klar: Waren es die Phönizier, die die Traube von Ägypten nach Pantelleria gebracht haben, oder vielleicht erst später die Araber? Nachweislich wurde in der arabischen Herrschaftszeit auf der Insel sehr viel Zibibbo angebaut, hauptsächlich für die Rosinenherstellung. Und so leitet sich der Name »Zibibbo« wahrscheinlich aus dem arabischen Wort »Zabib« (getrocknete Traube) ab. In jedem Fall sind das trockene und windige Klima und der Vulkanboden ideal für den Anbau dieser Muskatellertraube, die im Übrigen auch eine hervorragende Tafeltraube ist. Heute wird aus der recht spät reifenden, zuckrigen Traube nicht nur der süße, mit dem DOC-Label ausgezeichnete Dessertwein Passito di Pantelleria hergestellt, sondern auch der weniger schwere Moscato di Pantelleria, ebenfalls ein DOC-Wein. Die Passito-Weine sind bernsteinfarben und haben ein nach Rosinen, Datteln und getrockneten Aprikosen schmeckendes Aroma. Moscato-Weine hingegen sind goldfarben und schmecken eher nach frischen Aprikosen. Viele der meist in den für Pantelleria typischen, malerischen Dammusi-Häusern untergebrachten Weinkellereien bieten Verkostungen an, bei denen der köstliche Rebensaft probiert werden kann.

Weinverkostung in einem Dammuso: Fabrizio Basile hat sein Handwerk als Winzer vom Vater und Großvater gelernt, wobei es ihm dank der Kombination von Tradition mit neuester Technologie gelingt, köstlichste Qualitätsweine zu produzieren.

Cantina Basile · Contrada San Michele · Via Bukkuram · 91017 Pantelleria · Tel. 0923/91 72 05 oder 333/6 59 25 53 · www.cantinabasile.com · Mo–Sa 17–20 Uhr (nach Voranmeldung)

Süßer Zibibbo – besser als Ambrosia!

Vom Wanderweg blickt man auf den einzigen Ort des Inselchens Marettimo.

Bergwandern auf Marettimo

97

Das grüne Marettimo ist landschaftlich die schönste der Ägadischen Inseln. Gut ausgeschilderte Wanderwege laden zum Entdecken einer zauberhaften Natur mit vielen mediterranen und einigen endemischen Pflanzen ein. Und wer weiß, vielleicht lassen sich unterwegs auch einige Mufflons, also Wildschafe, sichten?

Marettimo liegt mit 36 km weiter als die beiden Schwesterinseln Favignana und Levanzo von der Nordwestküste Siziliens entfernt. Vor ungefähr 600 000 Jahren wurde das nur 12,3 km^2 große Inselchen vom Festland abgetrennt. Mehrere Berge, von denen der Monte Falcone mit 686 Metern der höchste ist, bestimmen das Landschaftsbild. Dank wasserdurchlässigen Karstgesteins gibt es zahlreiche Quellen. So hat sich auf Marettimo eine besonders reiche Vegetation entwickelt. Heute leben nur etwa 250 Einwohner dauerhaft im einzigen Ort der Insel. In der touristischen Hochsaison im Sommer steigt die Zahl jedoch auf etwa 2 000 an – die Hälfte davon »Marettimari«, die die Ferien in ihrer Heimat verbringen. Davon abgesehen ist Marettimo eine Oase der Ruhe und der perfekte Ort zum Wandern. Da von Trapani aus regelmäßig Tragflügelboote das Inselchen anfahren, lässt sich ein Tagesausflug leicht organisieren. Bis auf eine Ferienanlage gibt es keine Hotels auf der Insel, dafür bieten viele Privatleute preisgünstige Unterkünfte an. Außer Wandern – und vielleicht Eselreiten – lässt sich auf Marettimo nicht viel unternehmen, auch, weil es kaum wirklich schöne Badestrände gibt. Dafür laden zehn gut ausgeschilderte Wanderwege zu ein- bis dreistündigen Touren durch eine weitgehend unberührte Natur ein mit Steineichen und Pinien, mediterraner Macchia, mit Euphorbien, blühenden Zistrosen und wer weiß, vielleicht taucht auch eines der vielen Mufflons, also Wildschafe, auf. Besonders schön sind die fantastischen Ausblicke auf die Küste, das Meer und die Nachbarinseln. Und danach eine Fahrt im Boot rund um die Insel (Salvatore Livorsi, Tel. 339/5 91 59 01).

Bootsfahrt um Marettimo: Eine Bootsfahrt rund um Marettimo, bei der zahlreiche Meeresgrotten angesteuert werden und man immer wieder vom Boot aus ins Wasser hüpfen kann, ist ein besonderes Erlebnis.

Associazione CSRT Marettimo · Via Campi 11 · 91023 Marettimo · Tel. 0923/9 23 00 oder 368/3 43 81 07 · www.isoladimarettimo.com

98 Wo der Thunfisch in der Dose erfunden wurde

Einst war die Tonnara von Favignana eine der größten Thunfischfabriken im Mittelmeer. Heute ist der Thunfischfang mithilfe der »mattanza« nur noch Geschichte und die Tonnara ein Industriearchäologie-Museum, das die Erinnerung an die vergangene Welt des traditionellen Thunfischfangs aufrechterhält.

Die Insel Favignana ist mit 19,8 km² Fläche und circa 3500 Einwohnern die größte der drei Ägadischen Inseln. Die Favignanesi lebten früher neben der Landwirtschaft und dem Tuffsteinabbau vor allem vom Fischfang. Noch bis 2007 fand zwischen April und Anfang Juni die vom Rais, dem Chef einer Thunfischfängergruppe beaufsichtige blutige »mattanza« (Sizilianisch für »abschlachten«) statt. Dabei wurden die riesigen Fische in am Meeresgrund befestigte Reusen geleitet, in Boote hochgezogen und harpuniert. Diese Art des Thunfischfangs trug wesentlich zum Lebensunterhalt der Inselbewohner bei. Weit mehr als die Fischer verdienten aber die Besitzer der Inseln. Dies war ab 1637 eine ligurische Adelsfamilie, die dem spanischen König Philipp IV. die gesamten Ägadischen Inseln abgekauft hatte. Von ihr erwarb 1874 der sizilianische Industriemagnat Ignazio Florio (1838–1891) die Inseln und ließ die bestehende kleine Tonnara ausbauen und modernisieren. Auf einer Fläche von 30 000 m² wurden Unmengen von Thunfisch gekocht, zerteilt und unter Öl in Konserven abgefüllt. Doch die Unternehmerfamilie ging bankrott, und der traditionelle Thunfischfang lohnte sich aufgrund der Konkurrenz durch neue Fangmethoden immer weniger. So stellte die Tonnara in den 1970er-Jahren den Betrieb ein. Inzwischen wurde sie nach grundlegender Restaurierung in ein hochinteressantes Museum umgewandelt. Zu sehen sind unter anderem die großen Behälter, in denen der Thunfisch gekocht wurde; Bootsunterstände; das für den Fischfang notwendige Gerät; der Saal, in denen der Thunfisch in Dosen abgefüllt wurde und schließlich moderne Videoinstallationen, in denen ehemalige Beschäftige der Tonnara wie etwa Gioacchino Cataldo (1941–2018), der letzte Rais von Favignana, über ihre Arbeit berichten.

Ex-Stabilimento Florio · Via Amendola 29 · 91023 Favignana · Tel. 324/5 63 19 91
April–Okt Mo–So 9–17 Uhr, Juli 10–13 Uhr und 17–23 Uhr

Einst wurde in der Tonnara der Thunfisch unter Öl in bunten Dosen abgefüllt.

Die faszinierende Unterwasserwelt von Ustica

Tropische Unterwasserwelt – Tauchen auf Ustica

99

Die winzige Vulkaninsel Ustica punktet mit einer bunten, an die Subtropen erinnernden Unterwasserwelt – ein Paradies für Taucher und Schnorchler. Daneben lässt sich auf dem nur 3,5 km langen und 2,5 km breiten Inselchen vor der Nordküste Siziliens auch toll radeln, wandern und an schwarzen Vulkanstränden baden.

Mit dem Ziel des Erhalts ihrer einzigartigen Flora und Fauna wurden die Gewässer rund um Ustica 1986 zum ersten Meeresschutzgebiet Italiens erklärt. Da die Insel seit der Bronzezeit nur von wenigen Bauern und Fischern bewohnt ist, gibt es keine Industrieeinleitungen, und die Unterwasserwelt hat sich perfekt erhalten. Im Taucherparadies Ustica lassen sich viele Korallen und Neptungraswiesen bewundern, dazu Langusten, Barsche, Makrelen, Papageifische, Barrakudas, zahllose Schwammkolonien sowie diverse Spezies von Brassen. Da Ustica seit der Steinzeit an einer wichtigen Handelsroute liegt, findet man entlang der Küste auch zahlreiche Überreste von Schiffen, die an den felsigen Kliffen gekentert sind. Viele der archäologischen Funde wurden, versehen mit erklärenden Plastikkarten, für Taucher zum Entdecken an Ort und Stelle belassen.

Zu den wichtigsten Tauchplätzen zählt die Cala Santa Maria mit mehreren Schiffswracks. Ebenfalls spektakulär ist die Grotta dei Gamberi, eine Höhle, die von Hunderttausenden von Einhorn-Garnelen bewohnt wird. Berühmt ist auch die Secca della Colombara, wo sich in einem Wrack ständig Barrakuda-Schwärme aufhalten. Tauchlehrer bieten Kurse und begleiten die Taucher zu den interessantesten Stellen.

Man kann die Insel aber auch zu Fuß oder per Fahrrad entdecken und dabei die bronzezeitlichen Ausgrabungen besuchen oder in Ustica-Stadt mit seinen bunten Häuserfassaden herumflanieren.

Kapernpasta
im Traditionslokal:
Im rustikalen Restaurant Schiticchio werden wunderbar pikante Nudeln mit einer Kapernsauce angeboten, aber auch die für Ustica typischen Linsengerichte.
Ristorante Schiticchio
Via Tre Mulini · 90010 Ustica
Tel. 368-8 03 03 21 oder
324/7 86 78 14
Mo–So 12–15 Uhr, 20–0 Uhr
(im Winter häufig geschlossen)

Ufficio Informazioni · Piazza Capitano Vito Longo · 90010 Ustica · Tel. 091/8 44 92 37 (Kommune)
Associazione Turistica Visit Ustica · Tel. 328/3 63 37 76 · www.visitusticircait

Blick auf den Ätna

Register

Einkaufen

Essen und Trinken

Freizeit und Familie

Kunst und Kultur

Natur

Traditionelles

Übernachtung

Überraschendes

Verantwortlich: Claudia Hohdorf
Lektorat/Satz: ecotype Publishing Services, Rudi Stix
Repro: LUDWIG:media
Umschlaggestaltung: Rudi Stix
Kartografie: Kartographie Huber, Heike Block
Herstellung: Bettina Schippel
Printed in Slovenia by Florjancic

★★★★★

Sind Sie mit diesem Titel zufrieden? Dann würden wir uns über Ihre Weiterempfehlung freuen.
Erzählen Sie es im Freundeskreis, berichten Sie Ihrem Buchhändler oder bewerten Sie bei Onlinekauf.
Und wenn Sie Kritik, Korrekturen oder Aktualisierungen haben, freuen wir uns über Ihre Nachricht an Bruckmann Verlag, Postfach 40 02 09, D-80702 München oder per E-Mail an lektorat@verlagshaus.de.

Unser komplettes Programm finden Sie unter www.bruckmann.de

Alle Angaben dieses Werkes wurden von den Autorinnen sorgfältig recherchiert und auf den aktuellen Stand gebracht sowie vom Verlag geprüft. Für die Richtigkeit der Angaben kann jedoch keine Haftung übernommen werden. Sollte dieses Werk Links auf Webseiten Dritter enthalten, so machen wir uns die Inhalte nicht zu eigen und übernehmen für die Inhalte keine Haftung.
In diesem Buch wird aus Gründen der besseren Lesbarkeit das generische Maskulinum verwendet. Weibliche und anderweitige Geschlechteridentitäten werden dabei ausdrücklich mitgemeint, soweit es für die Aussage erforderlich ist.

Textnachweis:
Dr. Anita Bestler: 1; 4; 5; 7; 8; 9; 10; 11; 12; 13; 14; 16; 17; 18; 19; 20; 22; 25; 26; 28; 30; 31; 32; 35; 36; 38; 40; 43; 46; 47; 48; 49; 52; 53; 55; 57; 58; 59; 64; 65; 68; 69; 72; 73; 74; 76; 77; 79; 81; 82; 86; 88; 89; 91; 92; 94; 95; 96; 97; 98; 99
Bettina Götte: 2; 3; 6; 15; 21; 23; 24; 27; 29; 33; 34; 37; 39; 41; 42; 44; 45; 50; 51; 54; 56; 60; 61; 62; 63; 66; 67; 70; 71; 75; 78; 80; 83; 84; 85; 87; 90; 93

Bildnachweis:
Albergo alla Giudecca, S. 115 o.; Archiv ArcheOfficina, S. 44/45; Atelier sul Mare, S. 56 (2); Udo Bernhart, S. 33 o.; Anita Bestler: 13 o., 16, 22, 35, 39, 35, 51, 55, 111, 117 u., 143, 152, 155, 162, 168, 173 o., 173 u.; Castello degli Schiavi, S. 71; Cantine Storiche, S. 134; Fotodesign Ina E. Brosch, S. 149, 185 (2); Bettina Götte, S. 46 u., 118 (2), 161 (2); Michaela Henkys: S. 10, 19 (2), 24, 27 o., 36, Porträt Anita Bestler (Umschlagklappe); Jürgen Jonas, S. 87; Reinhard Künstler, S. 145 (2); Obicà Palermo: S. 28 o. (Timothy Atkins), 28 u. (Jurij Gallegra); MATO/Schapowalow: S. 9, 41, 46 o., 53, 61 o., 67 (2), 64, 78 o., 81,84, 88, 91, 93, 94 (2), 96, 101 (2), 107, 123, 125, 128, 130, 140 o., 146, 156 o., 167, 170, 188/189 (Alessandro Saffo), 13 u., 30 (Paolo Giocoso/SIME), 21 u., 59, 62 u., 68, 137, 156 u. (Antonino Bartuccio), 27 u. (Franco Cogoli), 62 o. (Guido Cozzi), 77 (Udo Bernhart), 99 (Laurent Grandadam), 103 (Massimo Piacentino), 109 o. (Günter Gräfenhain), 117 o. (Massimo Borchi), 121 u., 138 o., 182 (Johanna Huber), 133 (Daniele Ravenna), 140 u., 181 (Massimo Ripani), 178 (Manfred Bortoli), 186 o. (Roberto Rinaldi), 186 u. (Settimio Cipriani); Mauritius Images: S. 7 u. (Danita Delimon), 112 (Alamy/kpzfoto), 121 o. (Alamy Bob Turner), 151 (Alamy/Bildagentur-online/Sunny Celeste), 164 (Alamy Realy Easy Star), 174 (Alamy/Chris Howes/Wild Places); Museo dell´Acciuga, S. 42 (2); Museo della Medicina Tommaso Campailla, S. 104 o.; Matteo Richiusa: S. 6 o., 14, 21 o., 33 u.; Maurizio Rotolo, S. 177; Chantal Sajja, S. 61 u.; Shutterstock: S. 49 o. (Lucky Team Studio), 49 u. (Terje Lillehaug), 78 u. (Paolo Tralli), 104 u. (anna.q), 109 u. (maudanros), 126 (Francesco Bonino), 138 u. (Alexandr Grant), 158 (2, bepsy); Il Tocco, S. 72 (2); Villa Pennisi, S. 75 (2); Wikimedia Commons: S. 83 (Davide Mauro), 115 u. (zk)

Umschlagvorderseite: Vulkan (Shutterstock/maudanros), Sizilianische Granita (Shutterstock/lucamarimedia)

Die Deutsche Nationalbibliothek verzeichnet diese Publikation in der Deutschen Nationalbibliografie; detaillierte bibliografische Daten sind im Internet über http://dnb.d-nb.de abrufbar.

ISBN 978-3-7343-0973-1